Andreas Martin (Hg.)

Alle guten Gründe, katholisch zu sein

benno

Bibliografische Information der Deutschen Nationalbibliothek
Die Deutsche Nationalbibliothek verzeichnet diese Publikation in der Deutschen Nationalbibliografie;
detaillierte bibliografische Daten sind im Internet über http://dnb.d-nb.de abrufbar.

Besuchen Sie uns im Internet unter:
www.st-benno.de

ISBN 978-3-7462-3408-3

Stammerstr. 11, 04159 Leipzig
Umschlaggestaltung: Ulrike Vetter, Leipzig
Umschlagmotive: © KNA-Bild (3);
© picture-alliance/Godong (u. l.)
Gesamtherstellung: Kontext, Lemsel (D)

Inhalt

Dieses Buch möchte Ihnen helfen zu verstehen, was einen Katholiken ausmacht. Nicht dass Katholiken sich von anderen Menschen unterscheiden. Vermutlich können Sie keinen aus einer Masse herausfinden. (Pfarrer tragen heute in der Öffentlichkeit oft bunte Krawatten, andere Leute dagegen laufen massenweise in schwärzestem Schwarz herum!)

Aber Katholiken glauben an gewisse Dinge, welche die Art, in der sie über sich selbst und die Welt denken, beeinflussen. Ihr Glaube hat starken Einfluss auf ihren Lebensweg. Er hilft, ihren Charakter, ihre Ideale und ihre Werte zu formen – selbst wenn sie inzwischen nicht mehr viel mit Religion am Hut haben.

Das Buch will Ihr Verständnis für den katholischen Glauben wecken oder verstärken. So werden die folgenden Seiten versuchen, die Bedeutung dieses Glaubens und einiger Praktiken der katholischen Kirche zu erklären und zu zeigen, warum sie für einen Katholiken so wichtig sind.

Aber einige Dinge wird dieses Buch keinesfalls versuchen:

- Dieses Buch ist keine Werbung der römisch-katholischen Kirche. Es wurde so ehrlich wie möglich geschrieben.
- Dieses Buch ist nicht herausgegeben, um zu zeigen, dass einzig der katholische Glauben wahr ist. Es versucht zu zeigen, was er ist und was er für Katholiken bedeutet.
- Dieses Buch versucht nicht, Sie davon zu überzeugen, Katholik zu werden.

Menschen haben manch eigenartige Vorstellungen über Religion...

- Der Mensch muss sich an etwas klammern, um das Leben erträglicher zu machen („Opium für das Volk“ nannte es Karl Marx).
- Wieder andere denken, sie ist nur harmlose Konversation („Grüß Gott!...Wenn du ihn siehst!“)
- Die meisten aber denken, dass sie auch ohne Religion auskommen („Haben wir bis heute nicht gebraucht, brauchen wir auch jetzt nicht!“)

Katholiken halten Religion für wichtig, da sie sich mit der größten Frage der menschlichen Existenz beschäftigt: „Wer bin ich? Hat das Leben einen Sinn? Ist die Welt gut oder böse?“ Solche Fragen können nicht von Wissenschaftlern, Politikern oder Ökonomen beantwortet werden.

Um das Herzstück der menschlichen Existenz liegt ein großes, rätselhaftes

Mysterium.

Katholiken haben vor dem Wort Mysterium keine Angst. Was sie meinen, ist etwas, das real ist, aber mit einer solch tiefen Bedeutung, dass es niemals vollends durchschaut werden kann. Wir sind umgeben von Geheimnissen, ob wir sie nun entdecken oder nicht. Nehmen wir zum Beispiel die Natur. Je mehr wir sie untersuchen und analysieren, umso mehr entdecken wir unsere eigene Ignoranz ihr gegenüber.

Wenn wir über irgendetwas genug Fragen gestellt haben, kommen wir zu immer neuen Fragen.
Das trifft besonders auf das uns am nahestehendste Geheimnis zu: auf das

Mysterium Mensch.

Man muss nur einmal an jemanden denken, den man liebt, um zu merken, dass man denjenigen oder diejenige niemals vollständig kennen wird. Wenn man auf diese Weise versucht, jemanden zu analysieren und zu beschreiben, merkt man schnell, dass es viel mehr zu sagen gibt, als Worte ausdrücken können.
Auch wenn man an sich selbst denkt, merkt man, dass es einen Teil gibt, den man nicht erreichen kann. Man weiß, dass er da ist und dass er sich versteckt. Es ist ein Geheimnis:
Religion erkennt, dass es viel mehr Dinge gibt als die, welche gesehen, gehört, gewogen oder sonst gemessen werden können.
Religion erkennt, dass es genauso wie die sichtbare eine unsichtbare Welt gibt – eine Welt der Mysterien, welche sich im Herzen aller Dinge befindet.
Religion erkennt, dass dieses Geheimnis nichts Vages und Komisches ist, sondern etwas, das wir an jedem Tag erleben.
Die religiöse Suche ist der Versuch, in dieses Geheimnis einzudringen. Dies gilt für alle Religionen. Und es gilt auch für den katholischen Glauben.

Etwas, auf das man sich stützen kann

Ist Religion bloß ein Krückstock?

Nein, sie ist gerade das Gegenteil. Sie hilft uns, auf unseren eigenen Füßen zu stehen und uns unserer eigenen Realität zu stellen. Religion ermutigt, sich den fundamentalen Fragen des Lebens zu stellen. Sie lehrt uns, viele Probleme des Lebens zu meistern. Die Krücken, auf die Menschen sich stützen, sind dagegen Dinge wie Alkohol, Drogen oder Astrologie. Sie hindern uns an der Wahrnehmung der Verantwortung für unser eigenes Leben.

Keine Freude

Als religiöser Mensch muss man sich ständig Gedanken über das Leben nach dem Tod machen, nimmt das nicht dem Leben all den Spaß und das Angenehme?

Katholiken glauben, dass Gott die Menschen aus Liebe erschaffen hat, dass er ihr Glück auf dieser Welt will, nicht erst im Himmel. Grundlage echten Glücks ist die Liebe. Sie, die wir in den zwischenmenschlichen Beziehungen erfahren können und geben, unterscheidet sich nicht grundsätzlich von der Liebe zwischen Gott und Mensch. Wie die menschliche Liebe wächst und sich entwickelt, so auch unsere Beziehung zu Gott, jetzt, in diesem Leben.

Diese sich entwickelnde Liebe zu Gott und das Bewusstsein, von Gott geliebt zu werden, empfindet der Katholik als eine große Freude, nicht als Belastung.

Wissenschaft und Religion

Hat die Wissenschaft Religion nicht überflüssig gemacht?

Wissenschaft und Religion beschäftigen sich beide damit, die gleiche Realität zu erforschen, aber sie fragen unterschiedlich. Die Wissenschaft fragt „Was?" und die Religion „Warum?". Früher dachten die Menschen: wenn man lange genug nach dem „Was"? fragt, geht das „Warum?" von alleine weg. Sie dachten, die Wissenschaft sei einfach eine Sache des Messens und Beobachtens. Einsteins Relativitätstheorie zerschlug diese Sichtweise auf die Wissenschaft. Heutige Wissenschaftler sind bedeutend vorsichtiger mit den Behauptungen, die sie machen. Sie fragen sich auch, ob absolut objektive Erklärungen überhaupt möglich sind.

Platz für Verbesserung

Religiöse Menschen scheinen nicht besser zu sein als andere, warum also Religion?

Religion ist nicht zuerst etwas, das Menschen verbessert. Es geht in erster Linie um Gott: seine Liebe, seine Kreativität, seine Güte und seine Geschenke. Religiöse Menschen beanspruchen für sich nicht, besser als andere zu sein. Man könnte aber sagen, sie sind besser, als sie ohne Religion wären. Die Welt ist ein besserer Ort, weil es religiöse Menschen gibt, die nach Gott ihr Leben gestalten. Religion wurde natürlich auch missbraucht, doch: Wir können Religion nicht für alles verantwortlich machen, was in ihrem Namen getan wurde.

„Ich will, dass ihr mit mir in den Himmel kommt!"

Der Schweizer Chemiker und Atomforscher Max Thürkauf vergleicht sein Leben mit dem Erklimmen einer Fahnenstange. Man quält sich über viele Stufen hinauf und ganz oben hängt ein Schild. Wenn man es erreicht, so liest man: „Ende der Stange".

Thürkaufs Leben verlief so: Lehre, Abitur auf der Abendschule, Studium, Promotion, Professor für physikalische Chemie in Basel. Er hatte viel erreicht.

Eines Tages wird ihm bewusst, dass man seine Forschungsergebnisse (Herstellung von schwerem Wasser) auch für unmenschliche Zwecke gebrauchen kann. Er kommt ins Grübeln: Darf alles gemacht werden, was machbar ist? Diese Frage ließ ihn von nun an nicht mehr los. Thürkauf begann – sozusagen von der Höhe seines Erfolgs – **das** nach unten zu rufen, was er sah: Ozonloch, Genmanipulation, Vergiftung der Luft, Reaktorkatastrophen ...!

Thürkauf mahnte, kritisierte – und man sägte an seinem Ast! Wer der Wirtschaft wehrt, wird wirtschaftlich wertlos. Unter dem Druck der Industrie und der Politik in ihrem Fahrwasser wurde Max Thürkauf gezwungen, 1967 von seiner Verbeamtung an der Uni zurückzutreten. Man erlaubte ihm zwar, weiter Vorlesungen zu halten – doch ohne jegliche Bezahlung!

Leben aber musste der Professor von etwas, ja, und er lebte von der Luft! Er ließ sich zum Fluglehrer ausbilden und arbeitete 10 Jahre lang auf dem Baseler Flughafen. Er hatte es geschafft, das Ende der

Fahnenstange unter sich zu lassen und zu einem neuen Höhenflug zu starten, in eine Höhe, aus der er noch mehr sah, noch Wesentlicheres entdeckte als vom hohen Katheder der Wissenschaft.
Thürkauf fand langsam zu seinem Glauben an Gott zurück, „der in der Höhe wohnt"(vgl. Jes 33,5)!
Sein Leben war über 25 Jahre davon geprägt, dass er Erwachsene, vor allem aber auch junge Menschen ansprach, sie auf Widersprüche in ihrem Leben und Weltverständnis hinwies, ja, sie zu einem entschieden christlichen Leben ermunterte, das nicht unwissenschaftlich, aber auch nicht wissenschaftsgläubig sein darf.
Thürkauf hat sich in dieser Zeit die Jugend des Evangeliums zurückerobert und ist ein demütiger Mensch geworden. Als ihn ein schlaksiger Jugendlicher aus einem österreichischen Gymnasium etwas von oben herab anmacht (Thürkauf dazu: ‚Er hatte so etwas wie Flaum unter der Nase, man wusste noch nicht, wird's ein Bart oder Federn …'), dieser junge Mann also flappst: „Ach gehns, Herr Professooor, wos wollns denn, warum machns denn die Vorträäg, was soooll's??!", da antwortet Thürkauf den insgesamt 300 Gymnasiasten: „Ich möchte, dass ihr mit mir in den Himmel kommt." Er dachte, jetzt werden sie anfangen zu lachen. Doch selbst der lange Lulatsch lachte nicht, ja es kamen viele danach zu ihm mit der Frage: „Wie macht man das, in den Himmel zu kommen?"

Im ersten Kapitel sagten wir, dass wir von einem Mysterium umgeben sind. Hierfür gibt es ein Wort, und dieses Wort heißt: **Gott**.

Unglücklicherweise sehen viele Menschen Gott nicht als unbegreiflichen Ursprung aller Dinge, sondern als super-mächtigen Mann im Himmel, etwa als

- Blitze schleudernden Vollzugsbeamten,
- Marionettenspieler, der nach Lust und Laune mit den „Menschlein" schaltet und waltet,
- schlafmützigen alten Mann oder gar tyrannischen Despoten, den kein Leid der Menschen anficht.

All das sind Vorstellungen, die sich die Menschen gemacht haben. Sie sind der Versuch, Gott nach dem eigenen Bild zu gestalten. Menschen tun das, weil sie immer am liebsten alles klein und überschaubar haben wollen. Sie fühlen sich unwohl mit allem, was nicht gewogen oder abgemessen werden kann.

Die Menschen versuchen, Gott zu beschreiben und begreiflich zu machen. Wenn sie das aber tun, so ergeben sich „Verzerrungen", und normalerweise reflektieren diese Verzerrungen ihre eigenen Ängste, Sorgen und Schuldgefühle. Deshalb neigen ihre Bilder von Gott eher dazu, streng und autoritär zu wirken. Einer könnte sagen: Dann wäre es ja besser, überhaupt nicht mehr von Gott zu sprechen! Aber wenn wir Gott nicht in Worte fassen können, wie kennen wir ihn dann?

Das ist eine gute und ebenso alte Frage. Katholiken (und andere Christen) glauben, dass Gott sich selbst allen Menschen bekannt gemacht hat.

Zuerst offenbarte er sich den Juden – und die Geschichte von Gott und den Juden wird im Alten Testament der Bibel erzählt. Dort sehen wir ein Bild Gottes, der barmherzig, liebend und mitleidig ist. Er bleibt bei seinem Volk, auch als sie sich von ihm abwenden.
So schreibt zum Beispiel der Prophet Hosea von Gottes Liebe: „Als Israel jung war, gewann ich ihn lieb … Ich war es, der Ephraim gehen lehrte, ich nahm ihn auf meine Arme ... Mit menschlichen Fesseln zog ich sie an mich, mit den Ketten der Liebe. Ich war da für sie wie die Eltern, die den Säugling an ihre Wangen heben. Ich neigte mich ihm zu und gab ihm zu essen" (Hos 11, 1-4).
Christen glauben, dass diese erhabenen Bilder eines liebenden Gottes sich auf ganz erstaunliche Art und Weise erfüllten. Gott hat sich uns nicht nur offenbart, sondern hat sich uns geschenkt in einem Menschen – Jesus Christus. Jesus erzählt uns nicht nur von Gott; er zeigt uns Gott. Deshalb ist sein Leben so wichtig für die Katholiken und alle anderen Christen.

Gott nachweisen

Es ist schön und gut, über Gott zu reden. Aber woher weiß man überhaupt, dass er existiert? Welche Beweise gibt es?

Da ist das Gefühl von Verwunderung. Denkt man über das Universum nach und seinen eigenen Platz darin, kann man sich des Gefühls nicht erwehren: Man ist hier, weiß aber eigentlich nicht wirklich, wie man herkam.

Außerdem erfahren wir, dass wir nicht geheimen Kräften ausgeliefert, sondern frei sind, und diese Freiheit ist eine Herausforderung. Denken wir über die Möglichkeit nach, zwischen gut und böse zu wählen, wird uns bewusst, dass wir unsere Handlungen an einem Standard messen, der weit über das einfache menschliche Betrachten hinausgeht. Menschen scheinen einen eingebauten Instinkt dafür zu haben, dass da etwas oder jemand ist, der allein fähig ist, alle ihre tiefsten Sehnsüchte zu beantworten.

Leidende Welt

Wenn Gott allmächtig und (immer) liebend ist, warum erlaubt er Leiden in der Welt?

Dies ist der meistgenannte Einwand gegen den Glauben an Gott. Ein Anfang ist es, zu fragen: Was für eine Welt würde es sein, wenn alles Leiden total beseitigt wäre? Ganz klar wäre es eine total andere Welt, auch physikalisch. Eine Welt, in der es zum Beispiel keine Erdbeben, keine Dürre, keine Überschwemmungen, keine Krankheiten geben könnte, müsste eine physikalisch andere Welt sein als die, in der wir leben. Moderne Wissenschaften legen nahe, dass das nicht möglich ist. So sind die Gesetze, die erst das Leben auf der Erde ermöglichen, die gleichen, an denen die Menschen auch leiden. Dazu kommt das Leid, welches sich die Menschen selbst und einander zufügen. Das zu ändern, würde heißen, die Menschen zu ändern. Der freie Wille müsste ihnen genommen werden, denn für Menschen geht

die Möglichkeit des Missbrauchs mit der Existenz des freien Willens einher. Wäre es eine bessere Welt, wenn wir keinen freien Willen hätten, sondern programmierte Automaten wären? Leid scheint also die Konsequenz unseres eigenen Seins zu sein. Es wäre aber falsch zu denken, Gott ist gleichgültig gegenüber dem Leid. Christen glauben, dass Gott sich in der Person Jesus Christus offenbart hat.
Und in ihm hat Gott sich selbst den Konsequenzen dieser Welt unterworfen, die er geschaffen hat, bis hin zum Tod Jesu am Kreuz. Er hat aber auch gezeigt, dass Leiden in Leben umgewandelt werden kann; dass das Böse von der Liebe überwunden wird. Dies kann nicht vollständig erklären, warum es Leid in der Welt gibt, aber vielleicht hilft es uns, einen Eindruck von der Bedeutung des Leides zu bekommen.

Wunsch-Erfüllungs-Gott

Ist Gott nicht einfach eine menschliche Erfindung? Die Menschen wollen doch nur an ein übernatürliches Wesen glauben, welches sie vor der rauen Wirklichkeit des Lebens beschützt. Eine der größten Versuchungen religiöser Menschen ist es, sich einen Gott so zu erfinden, wie sie ihn gerne hätten. Das heißt jedoch nicht, dass der wahre Gott nicht existiert. Das ist ein Grund, warum Christen ständig ihr geistiges „Bild“ von Gott im Lichte von Gottes Selbstoffenbarung in Jesus Christus überprüfen sollten. Gott ist kein komfortabler und kuscheliger Gott. Er ist ein Gott, der uns herausfordert, zu dem zu werden, zu dem er uns erschaffen hat.

Stellen Sie sich vor, dass ein kleines grünes Männchen vom Mars mit seinem Raumschiff kommt. Welche Frage würden Sie ihm stellen?
Wenn er sich uns irgendwie verständlich machen könnte, so würde er uns einige Insiderinformationen über das Leben auf dem Mars geben, die wir auf keine andere Art hätten bekommen können, nicht wahr?
Was wir damit sagen wollten, ist, dass einige Menschen Jesus für so eine Art Marsianer halten: Sie denken, er kam aus einer anderen Welt, um uns einige Insidertipps über Gott und das, was Gott möchte, zu geben.

Gott und Mensch

Das ist nicht das, was Katholiken über Jesus denken. Katholiken glauben, dass Jesus Gott ist. Aber sie glauben auch, dass er ein echter Mensch ist. Er ist Gott und Mensch. Mit anderen Worten – er ist kein göttlicher Besucher, der als Mensch verkleidet zur Erde kam.
Jesus ist ein wirklicher Mensch. Er wurde in diese Welt geboren. Er musste laufen, lesen und schreiben lernen. Er ist einer von uns. Und deswegen ist sein Leben so bedeutsam. In Jesus trafen sich Gott und Mensch. Jesus zeigte uns, dass Gott und die Menschheit füreinander gedacht sind.
Jesus zeigte uns Gott in der einzigen Art, die wir verstehen können – im menschlichen Leben. Er selbst machte Gott für uns gegenwärtig. Es ist, als wenn Gott sagen würde:

Seht, ich bin wie er – und er ist einer von euch!
Was sagt uns das Leben Jesu noch über Gott? In den Evangelien lesen wir: Jesus vergibt Sündern; er heilt die Kranken; er ist mildtätig; er ist geduldig; er macht Menschen wieder lebendig; und schließlich gibt er aus Liebe sein eigenes Leben dahin.
Also ist der Gott, den Jesus uns zeigt, auch ein Leben spendender Gott? Wenn wir an Jesus glauben, so können wir Gott nicht länger für einen autoritären fernen Gott im Himmel halten.
Jesus zeigt uns einen anderen Gott. Sein Wort für Gott ist „Vater". Und seine Beziehung zu Gott ist warmherzig, familiär und liebend. Sogar so sehr, dass Jesus sagen kann:

„Der Vater und ich sind eins – und wer mich gesehen hat, hat den Vater gesehen" (Joh 14,9).
Dies verändert nicht nur unser Bild von uns selbst. Wir sind Kinder eines liebenden Gottes, den wir, wie Jesus es uns sagt, Vater nennen sollen. Und was bedeutet es, ein Kind Gottes zu sein?
Das Leben Jesu zeigt uns jemanden, der in perfekter Übereinstimmung mit Gott lebt. Er ist nicht furchtsam oder ängstlich. Seine Beziehung zu Gott ist eine reife Beziehung. Jesus weiß, wer er ist, und er begegnet den Anforderungen, die sein Leben an ihn stellt, ohne zu zagen. Er ist der Botschaft, die er verkündet, treu. Kurz gesagt, er ist das perfekte Abbild eines echten Menschen:
1. Er zeigt uns, wie Gott ist, in der einzigen Art, die wir verstehen können: im menschlichen Leben.

2. Er zeigt uns, was es bedeutet, ein echter Mensch zu sein.

Demnach wollte uns Jesus nicht zuerst sagen, was wir tun sollen, sondern wer wir sind. Seine Aufgabe war nicht, uns religiös zu machen, er sollte uns lebendiger machen!

Fakten über Jesus

Was sind die historischen Fakten über Jesu Existenz?

Unabhängig von den Evangelien gibt es römische und jüdische Aufzeichnungen, die Jesu Aktivitäten und die seiner Jünger dokumentieren. Zwei römische Schriftsteller – Plinius (er schrieb etwa 112 n. Chr.) und Tacitus (55-120) – erwähnten die Christen und bezeichneten sie als Störenfriede. Der jüdische Historiker Josephus schrieb sehr ausführlich über Jesus Christus, den er den „Wunderwirkenden" nannte. Er beschrieb sein Leben, seinen Tod und die „ehrfürchtig inspirierenden Zeichen", die der Kreuzigung folgten. Josephus wurde als Jude geboren und arbeitete viele Jahre für die Römer als Politiker, Soldat und Historiker. Er hatte keine Verbindung zur Christenheit. Seine Identität und seine Aufzeichnungen sind absolut authentisch.

Mann von gestern

Wie kann man jemandem nachfolgen, der vor 2000 Jahren starb?

Christen sehen Jesus nicht als toten großen Menschen an – so wie beispielsweise Julius Cäsar oder

Napoleon. Sie glauben, dass Jesus nach seinem Tod am Kreuz durch Gott, seinen Vater, wieder von den Toten erstand. Sie glauben, dass Jesus auch heute noch lebt und durch seinen Geist einen Einfluss auf das Leben seiner Anhänger hat. Während der letzten 2000 Jahre haben Millionen von Menschen die lebendige Gegenwart Christi erfahren, und sie haben gespürt, dass er ihrem Leben einen tieferen Sinn und ein Ziel gibt.

Auferstehung

Wie kann jemand glauben, dass Jesus Christus wieder lebendig wurde, nachdem er am Kreuz gestorben ist?

Genau genommen glauben Christen nicht, dass Jesus wieder lebendig wurde. Sie glauben, dass Gott, sein Vater, ihn zu einer neuen Art Leben erhob – ein ewiges Leben, dem der Tod nichts mehr anhaben kann. Christen glauben, dass der auferstandene Körper Christi nicht mehr sterben kann. Er hat den Tod besiegt. Deswegen sagen die Christen auch, dass Jesus heute noch lebt.

Der Grund ihres Glaubens an die Auferstehung liegt in den Zeugnissen der ersten Jünger Jesu. Sie sahen ihn nach seiner Auferstehung und aßen und tranken mit ihm. Diese Erfahrung änderte sie. Sie wurden seine Zeugen – sie verkündeten, dass Jesus, der gekreuzigt wurde, vom Tode erstanden ist. Die Auferstehung Jesu ist ein einmaliges Vorkommnis. Wir können nicht sagen, wie es passiert ist. Genauso wenig können wir es wissenschaftlich beweisen. Wir können nur sagen, dass es passiert ist, und verkünden dies seit 2000 Jahren als Erfahrung seiner Gegenwart in unserem Leben.

Leben nach dem Tod

Als der Ehemann meiner Tante starb, stellte sie Kontakt zu ihm durch ein Medium her. Ist dies ein Beweis für ein Leben nach dem Tod?

In spiritistischen Sitzungen verkünden angeblich Geister oder Verstorbene gewisse Botschaften. Sie äußern sich in den „Séancen" durch Bewegung von Gegenständen (Tischrücken), Klopfgeräusche, Stimmen u.a.m. Die Parapsychologie bietet verschiedene Erklärungen: die spiritistische: jenseitige Geister äußern sich; die animistische: Vorgänge im Unbewussten des Menschen stehen dahinter; die skeptische: Selbsttäuschung oder Betrug sind im Spiel. Für Christen ist der Glaube an Jesus Christus und seine Auferstehung die einzige Grundlage für ihre Überzeugung von einem Leben nach dem Tod.

Zu viele Kirchen

Wenn die Christen die Nachfolger Christi sind, warum sind sie dann in so viele Kirchen gespalten?

Sollten sie nicht alle zu einer Kirche gehören? Die größten Spaltungen der Kirche geschahen im 11. Jahrhundert (Trennung in Ost- und Westkirche) und in der Reformation des 16. Jahrhunderts, in welcher sich die Protestanten (evangelische Kirche) von der katholischen Kirche abtrennten. Sowohl verschiedene Auffassungen in Glaubensfragen als auch Politik und Vorurteile spielten dabei eine Rolle. Einig sind sich heute die meisten Christen, dass diese Spaltungen der einen Kirche ein Skandal sind und dem Gebot Christi widersprechen. In vielen Bemühungen versuchen sie, die Trennung zu überwinden: Gespräche über Glaubenswahrheiten und kirchliche Ordnung, gemeinsame – ökumenische – Gottesdienste, gemeinsame caritative und andere Aktionen. So konnte in den letzten Jahrzehnten einiges an Gemeinsamkeit erreicht werden, doch Misstrauen und Missverständnisse sowie das Auseinanderleben durch Jahrhunderte können nur langsam und schrittweise abgebaut werden. Die Christen erfahren jeden kleinen Erfolg auf dem Weg zur Einheit als ein Geschenk Gottes und erbitten dieses Geschenk von Gott, z.B. in der jährlichen Gebetswoche für die Einheit der Christen.

„Die Arche"

Offizier und Sohn eines Generalgouverneurs, Philosophieprofessor in Paris, dann einfaches Mitglied einer Wohngemeinschaft mit geistig Behinderten – das ist die Karriere von Jean Vanier (*1928), dem Gründer der „Arche".

1964 entschließt sich der gebürtige Kanadier, mit seiner Christusnachfolge ernst zu machen. Die Menschwerdung des Gottessohnes hat jedem menschlichen Wesen seine göttlichen Züge eingeprägt,

jeder Mensch kann zur Begegnung mit Jesus Christus werden, besonders in den Armen und Behinderten. In der Gemeinschaft mit ihnen entdeckt ihn Jean Vanier.
Dabei geht es ihm nicht um Nächstenliebe im Sinne einer Dienstleistung, die mir irgendwie Verdienste für ein Leben nach dem Tod im Himmel bringt. Er will Gott in der Gemeinschaft begegnen, die Behinderten Gemeinschaft erfahren lassen, ja Jesus in der Mitte der Gemeinschaft sichtbar machen.
Die Armen, die Kleinen, jene durch unsere Gesellschaft an den Rand Gedrängten, stehen in der Mitte. *Sie* rufen zu Einsamkeit und Gemeinsamkeit. *Sie* sind es, die den Weg der Liebe lehren.
Für die Leute der „Arche" bedeutet in Gemeinschaft zu leben nicht nur zusammen zu wohnen, es geht auch nicht nur um Zusammenarbeit. Es geht um das Leben der Familie, wie sie in Gott vorgeprägt ist. Gott hat sich als dreifaltiger, dreipersonaler Gott offenbart: Vater, Sohn und Heiliger Geist. Gott ist Familie, und nach dem Abbild dieser Familie hat er Mann und Frau, hat er die menschliche Familie gewollt und geschaffen.
Jean Vanier versteht und schätzt in diesem Zusammenhang die letzte Rede Jesu vor seinem Tod, die eher einem Gebet gleicht, wo er bittet, dass alle Menschen eins sein mögen in der Liebe untereinander, wie sie zwischen ihm und seinem himmlischen Vater herrscht (vgl. Joh 17).
In den Jahrzehnten der Praxis haben es die Mitglieder der Arche erfahren, dass Gemeinschaft vor

allem aus Vergebung, gegenseitigem Verzeihen lebt. All das hat Jesus Christus vorgelebt auch in der Gemeinschaft mit seinen Jüngern und Jüngerinnen.
Christsein heißt letztlich: Christus sein, mit dem eigenen Leben und im gemeinsamen Vollzug als Kirche Jesus Christus in der Welt zu repräsentieren. Dies ist eine große Aufgabe, mehr noch aber ein großes Ziel. Jean Vanier, Henri Nouwen und viele andere Mitglieder der Arche haben wertvolle Erfahrungen gemacht und geben sie gerne weiter.

Die Bibel ist nicht ein Buch, sie ist eine Sammlung von Büchern – geschrieben von verschiedenen Menschen in verschiedenen Stilen über eine lange Periode hinweg. Sie ist geteilt in zwei Hauptteile:
Das Alte Testament kommt zu uns durch das auserwählte Volk, die Juden. Geschrieben während einer Zeitperiode von ungefähr tausend Jahren, erzählt es von Gottes Offenbarung seiner selbst gegenüber den Israeliten.
Das Neue Testament ist eine Sammlung von Schriften, welche sich um die Person Jesu Christi drehen. Es erzählt von seinem Leben, seinem Tod und seiner Auferstehung und beschreibt das Wachstum der Gemeinde, die aus seinen ersten Anhängern heraus entstand.
Die Bücher der Bibel stammen von vielen Autoren. Es ist nicht immer möglich, mit Sicherheit zu sagen, wer der Autor dieses ganz speziellen Buches war. Dies trifft ganz besonders in einigen Fällen von Büchern des Alten Testamentes zu. Wer auch immer die menschlichen Autoren waren, so glauben die Christen, dass Gott sie inspiriert hat, auf diese Art und Weise zu schreiben, so dass sie die Wahrheit übermitteln, von der Gott wollte, dass sie vermittelt wird. Das ist es, warum die Bibel als von Gott geschenkt angesehen wird.

Die sieben Tage der Schöpfung

Hat Gott die Welt in 7 Tagen erschaffen?

Die Bibel enthält eine ganze Reihe von verschiedenen Schreibstilen und literarischen Formen (s.u.). Die Schöpfungsgeschichten sprechen davon, dass das Wort von Gott kam. Die Details der Geschichte drücken dies aber auf sehr poetische Art und Weise aus. Sie sind nicht als historisch-naturwissenschaftlicher Bericht gemeint.

Bibel – Buch der Bücher

Was bedeutet die Bibel den Katholiken?

Katholiken haben große Ehrfurcht vor der Bibel. Sie glauben, dass es Gottes Wort ist. Sie glauben, dass sie die Geschichte von Gottes Selbstoffenbarung ist. Jeden Sonntag, wenn Katholiken zur Messe gehen, hören sie zwei bis drei Lesungen aus der Schrift, und sie werden ermuntert, die Bibel auch privat zu lesen.

„Schon viele haben es unternommen, einen Bericht über all das abzufassen, was sich unter uns ereignet und erfüllt hat. Dabei hielten sie sich an die Überlieferung derer, die von Anfang an Augenzeugen und Diener des Wortes waren. Nun habe auch ich mich entschlossen, allem von Grund auf sorgfältig nachzugehen, um es für dich, hochverehrter Theophilus, der Reihe nach aufzuschreiben. So kannst du dich von der Zuverlässigkeit der Lehre überzeugen, in der du unterwiesen wurdest.“ (Lk 1,1-4)

4. Kapitel

Die Botschaft der Bibel

„... Und als sie das hörten, traf es sie mitten ins Herz“ (Apg 2,37), heißt es nach der Pfingstpredigt des Apostels Petrus. Bestimmte Botschaften vermitteln sich am besten über Personen.

Wenn ein Jugendlicher seinen Freunden sagen kann, dass *jemanden* zu haben mehr ist, als *viele Dinge* zu haben –, dann geschieht das, was immer in der Glaubensgeschichte passiert ist. Dann werden Herzen berührt, und es fängt etwas Neues in einem Menschenleben an.

„Du bist nicht fern vom Reiche Gottes!“, sagt Jesus dem Schriftgelehrten. Wir wissen nicht, wie es mit dem jungen Mann weiterging. Nur eines wissen wir: Jesus hat ihm keine Sammlung seiner Gleichnisse mitgegeben.

Antworten auf das Leben

Die biblische Botschaft findet den chancenreichsten Einstieg in Biographien, wenn sie sich auf der Beziehungsebene zwischen Menschen einnisten kann. Das Leben von Mitmenschen findet immer Interesse. „Wie ist es dir mit deiner Ehe ergangen?“ „Wie hast du diesen Schicksalsschlag verkraftet?“ Wir kennen solche Fragen zur Genüge. Worte allein reichen hier nicht als Antwort. Es bedarf der Berührung des anderen mit der eigenen Person.

Jesu Art und Weise, in sein eigenes Gottesverhältnis einzuführen, bestand darin, den Jüngern an seinem Leben, Beten, an seinen Freuden und Schmerzen, selbst an seinen Versuchungen Anteil zu geben.

Die Bibeltexte fangen dort zu sprechen an, wo Menschen gemeinsam danach fragen, wie sie mit dem Leben eigentlich zurechtkommen sollen. Ihre Sehnsüchte, ihre Ängste und ihre Freuden oder besser gesagt: die gemeinsam geteilten und mitgeteilten Siege und Niederlagen sind das Rohmaterial, vor dessen Hintergrund biblische Texte zu sprechen anfangen.

Alte Geschichten – neue Horizonte

Jesus hat ja merkwürdige Geschichten erzählt. Es ist erstaunlich, welche säkulare, ja unfromme Materie Jesus als Bildmaterial für seine Gleichnisse verwendet: Schatzgräbergeschichten, Geschichten von Hochzeiten und Festgelagen, Räuberpistolen von Wegelagerern und so weiter.

Die Bibel kann unsere Phantasie wecken, uns aus der Erfahrung heutigen Lebens einander „Reich-Gottes-Geschichten" zu erzählen. Unser Leben und die Botschaft der Bibel müssen zusammenkommen. Der Bibel geht es um Welt- und Lebensdeutung. Es geht um Horizonterschließung über das Vorfindliche und Augenscheinliche hinaus. Es geht um eine Einladung, sich selbst in dem Licht zu sehen, das Gott uns angezündet hat. Dieses Licht hat einen Namen: Jesus Christus. Letztlich bezeugt die ganze Bibel, auch die Schriften, die vor Christi Geburt verfasst sind, was Gott den Menschen sagen will: „Du bist geliebt und gewollt – mehr als du meinst!" *(Bischof Joachim Wanke)*

„Sünde? - Ah, Sie meinen Spaß! Ja, die beiden gehören doch zusammen!"
Das wollen wir mal genauer untersuchen. Welche Seite würdest du nehmen? Wähle! Links oder rechts?

Gier	Liebe
Neid	Treue
Betrug	Wahrheit
Grausamkeit	Gerechtigkeit
Hass	Freundlichkeit
Vorurteile	Integrität
Rache	Vertrauen
Selbstsucht	Warmherzigkeit
Ungerechtigkeit	Ehrlichkeit
Ausbeutung	Großzügigkeit
Groll	Vergebung
Begierde	Gutmütigkeit
Geiz	Mitleid

„Mm? Ich glaube, ich weiß nun, um was es geht. Es klingt nicht nach Spaß, wenn man die linke Seite wählt." Genau. Und das ist einer der wichtigsten Aspekte der Sünde. Sie ist schlecht für den Menschen.

Attention! Sünde kann ernsthaft verletzen!
„So habe ich das noch nie gesehen. Ich dachte, Sünde heißt, Gottes Gebote zu brechen?"
Das ist das Gleiche, nur anders ausgedrückt. Erinnern wir uns. Gott ist auf unserer Seite. So sind auch seine Gebote zu unserem Besten – um uns davor zu bewahren, in Schwierigkeiten zu kommen. Sieh dir einfach mal ein paar von ihnen an:

Du sollst nicht morden!
Du sollst nicht die Ehe brechen!
Du sollst nicht stehlen!

Du sollst nicht etwas begehren,
das dem anderen gehört!
Du sollst nicht falsch gegen
einen anderen aussagen!

Gebote wie diese schränken unsere Freiheit nicht ein. Sie stehen wie ein Schild „Einfahrt verboten" vor der Straße, die in das Elend führt. Mit anderen Worten, die Gebote sind unseretwegen gemacht worden und nicht wir wegen der Gebote.

Gebote

„Und warum brechen einige Menschen diese Gebote trotzdem, wenn es doch schlecht für sie ist?"

Wir sind frei zu entscheiden, wie wir unser Leben gestalten möchten, z.B. welchen Beruf wir wählen, ob wir uns Kinder wünschen. Solche Entscheidungen sind nicht einfach zu treffen. Unser zukünftiges Glück kann davon abhängen. Und so tendieren wir dazu, uns für das zu entscheiden, von dem wir denken, dass es uns glücklich macht. Und manchmal macht uns das blind für die Folgen. Manchmal können wir sogar genau sehen, dass eine einzige Entscheidung schlechte Konsequenzen haben wird, trotzdem machen wir weiter. Wir wissen nicht, warum wir so sind.

Es gibt kein menschliches Mittel gegen die Sünde, wohl aber ein göttliches: Gottes Wille zur Vergebung ist das einzige Mittel gegen die Sünde. Wo Sünde trennt, da vereint die Vergebung wieder. Gott vergibt wieder und immer wieder!

5. Kapitel

Niemand verletzt

Wie kann, was keinen verletzt, Sünde sein?

Es ist nicht möglich zu sündigen, ohne jemanden zu verletzen, selbst wenn der jemand Sie selbst sind. Umweltverschmutzung ist zum Beispiel oft das Resultat von Aktivitäten, die man für harmlos hielt. Mit der Sünde ist es ähnlich. Sie deformiert, verbiegt und vergiftet das Gute und unsere Gemeinschaft.

Beichte bei einem Priester

Warum müssen Katholiken ihre Sünden einem Priester beichten, nicht Gott direkt?

Katholiken können ihre Sünden Gott direkt beichten, und häufig tun sie das auch. Sie sollen täglich ihr Gewissen erforschen und die Sünden, die sie begangen haben, bereuen. Für eine Beichte bei einem Priester gibt es drei Hauptgründe: Erstens: Jesus gab seinen Aposteln die Kraft, Sünden zu vergeben, und die Katholiken glauben, dass diese Kraft an die Bischöfe und Priester weitergegeben wurde.

Dies stimmt mit der Art Gottes, mit uns zu kommunizieren, überein – durch sichtbare Zeichen. Wir sind Menschen aus Fleisch und Blut, und wir kommunizieren auf eine physische Art. Durch den Priester lässt uns Gott hören, dass uns unsere Sünden vergeben sind. Zweitens: Beichte vereint uns nicht nur wieder mit Gott, sie vereint uns auch wieder mit der Kirche. Drittens: Der Priester ist oft in der Lage, dem Beichtenden Hilfe und Rat in dessen ganz persönlichen Umständen zu geben.

Der Junge in San Diego

„Vor ein paar Monaten war ich in einer Bäckerei in San Diego, um Brot zu kaufen. Durch das Schaufenster sah ich plötzlich einen winzig kleinen Jungen auf dem Bordstein sitzen. Er sah furchtbar traurig aus. Ich musste einfach hinausgehen und mich zu ihm setzen.

Etwa eine halbe Stunde saß ich da, ohne etwas zu sagen. Ich war nicht allzu nahe an ihn herangerückt, weil ich wusste, dass er, wenn ich ihm zu rasch zu nahe kommen würde, aufstehen und weggehen würde.

Nach einer halben Stunde bemerkte ich kurz und sachlich: ‚Es ist schlimm.' Er antwortete: ‚Mhm.' Nach weiteren fünfzehn Minuten sagte ich etwas wie: ‚Ist es wirklich so schlimm?', und er antwortete: ‚Ja. Ich laufe von zuhause weg.' Noch einmal fünf Minuten später sage ich dann: ‚So schlimm ist es also?' Und ohne ein Wort zu sagen, hob er sein T-Shirt hoch. Mir blieb vor Entsetzen der Mund offen: Sein ganzer Brustkorb war mit Brandwunden von einem heißen Bügeleisen bedeckt. Vorn und hinten. All das war nonverbale symbolische Sprache. Ich kann also fünfundvierzig Minuten still dasitzen, wie ein Hundefänger, und bin dem Kind doch nahe und nehme Anteil und gebe ihm gleichzeitig den Freiraum, den es braucht, um sich mir anvertrauen zu können."

Diese Schilderung der berühmten Ärztin Elisabeth Kübler-Ross zeigt, wie sehr es von uns abhängt, dass der andere sich öffnet und sich durch ihn Gott offenbart.

„Ex oriente lux“ – „Aus dem Osten kommt das Licht!“ So lautet eine alte christliche Botschaft. Und es war wohl der polnische Satiriker Stanislaw Lec, der diese mit dem originellen Nachsatz versah: „et ex occidente luxus!“ – und aus dem Westen kommt der Luxus.

Wir stehen gerade als Verbraucher immer neu vor dem Phänomen, dass die letzten Weihnachtslieder noch nicht verklungen sind, da spitzen schon die ersten Osterhasen und Ostereier in den Auslagen der Geschäfte hervor.

Die Botschaft von Tod und Auferstehung, vom Leiden und dem lichtvollen Hervorgehen des Gottessohnes Jesus Christus aus Grab und Nacht wird in die allgemeine Konsumwerbung eingeebnet: Es ist Ostern und wieder Zeit für ein wenig mehr Luxus: einen Kurzurlaub auf einer Ozeaninsel, einigen Frühjahrsbesorgungen, denn wie sich die Natur neu schmückt, so wollen auch wir es tun.

Schon im sonst schönen „Osterspaziergang“ von Goethe wird die „Auferstehung des Herrn“ nicht mehr vom Osten her gesehen, von der Seite Gottes, der den Menschen Auferstehung und Leben schenken will, sondern vom Westen her, vom Menschen, der „selber auferstanden“ ist, der das Licht, lux, vom Luxus zu erwarten scheint.

Doch Ostern ist Freude, nicht Fun, und Freude ist ein Geschenk.

Auch zwei Jünger, so berichtet das Evangelium, machen einen Osterspaziergang von Jerusalem, dem Ort der Kreuzigung Jesu, nach Emmaus, einem

Vorort. Fast sieht es wie eine Flucht aus vor den letzten Ereignissen, vor ihrer Vergangenheit. Sie sehen keine Freude mehr. Erst der auferstandene Herr, der zu ihnen tritt, den sie aber nicht gleich erkennen, erst er bringt wieder etwas Licht in ihren Alltag, der sie nun schon wieder eingeholt hat. „Musste nicht alles so kommen? Liegt nicht in allem ein tieferer Sinn, ein Licht verborgen?" Ja, Ostern will uns erleuchten. Auch die Schattenseiten des Lebens, Prüfungen, Verlassenheit und Dunkel der Seele gehören zu den Vorboten des Lichts. Wichtig ist die Blickrichtung: nach Osten. Fast alle Kirchen sind mit ihrer Apsis in diese Richtung gebaut. Hier geht die Sonne auf, auch die Sonne des Heils, auch die Sonne, die mein Herz erwärmt und mit Freude erfüllt, die ein Osterlachen in uns allen hervorrufen will: Christus ist auferstanden – Halleluja! Er ist wahrhaft auferstanden – Halleluja!
Ich wünsche uns allen schönes, sonniges Wetter für einen Osterspaziergang und viel Licht für das ganze weitere Jahr.

Hilf dir selbst

Warum muss jeder erlöst werden? Der einzige Weg zur Besserung ist doch Selbstdisziplin?!

Wenn man Zweifel am Mangel an Erlösung in der Gesellschaft hat, braucht man nur auf die Titelseite der Zeitungen oder die Abendnachrichten zu schauen. Ein Moment des Nachdenkens wird überzeugen, dass wir in einer verwundeten Welt leben; einer Welt, in der die Menschen gegeneinander ste-

hen und in Gier und Selbstsucht gut zu gedeihen scheinen. Das Ernüchternde an all dem Leid um uns herum ist, dass es den Anschein hat, als könnten wir als einzelne Menschen kaum etwas dagegen ausrichten.
Aber dieses Übel ist nicht nur um uns herum. Wenn wir ehrlich sind, entdecken wir den Keim des Bösen in uns selbst. Wir sind mit uns selbst uneins. Wir möchten das Gute; wir streben danach, Menschen zu sein, die ihre Lebensfülle in Liebe, Sorge und Dienst zeigen. Doch wir wissen auch alle, wie oft wir daran scheitern.

Erlöser

Jesus Christus hat uns erlöst. Warum?

Die Macht der Sünde ist groß. Wie groß sie ist, erkennt der Glaubende an dem, der ohne Schuld ist, an Jesus Christus. Er hat sich der Macht der Sünde gestellt und wurde von ihr zugrunde gerichtet. Doch Gottes Macht hat sich als stärker erwiesen. Gott hat Christus nicht dem Tod überlassen, er hat ihn dem Tod entrissen.
Jetzt wird klar: Nicht das Böse trägt den Sieg davon, sondern Gottes Liebe. Durch Jesus Christus haben die Menschen Versöhnung oder Erlösung empfangen. Sie sind aus der Macht der Sünde befreit. Gott schenkt ihnen durch Christus ewiges Leben.
Das bringt Licht in die heillose Situation. Nicht mehr die Verstrickung in die Sünde bestimmt das Schicksal der Menschen, sondern das von Gott geschenkte Heil.

Im Innern des Beichtstuhls

Was passiert, wenn Katholiken zur Beichte gehen? Das Sakrament der Buße, so die richtige Bezeichnung für „Beichte", ist das Angebot der Versöhnung Gottes vor allem bei schwerer Schuld. Im Auftrag der Kirche nimmt der Priester das Schuldbekenntnis des Sünders entgegen und erteilt ihm die Lossprechung im Namen Gottes. Das heißt: Wer sich von Gott und der Gemeinschaft der Glaubenden getrennt hat, findet in diesem Sakrament durch den Dienst der Kirche Versöhnung mit Gott und mit den Mitchristen.

Auch wer keine schweren Sünden zu beichten hat, empfängt das Sakrament der Buße sinnvoll. Er bekennt sich dadurch bewusst zur Gemeinschaft der Sünder. Die Beichte hilft ihm, Klarheit über sich selbst zu gewinnen und einen neuen Anlauf zur Besserung zu nehmen.

Nach der Gewissenserforschung erfolgt „Die Feier der Versöhnung für einzelne" in folgender Form:

– Auf den Gruß und das Kreuzzeichen des Beichtenden antwortet der Priester mit einem kurzen Gebet.

– Der Beichtende bekennt dem Priester, der durch das Beichtgeheimnis zu absoluter Verschwiegenheit verpflichtet ist, seine Sünden. Er nennt dabei wenigstens alle schweren Sünden, deren er sich im Moment bewusst ist.

– Der Priester ermahnt den Beichtenden in kurzen Worten oder in einem Beichtgespräch, gibt ihm ein Bußwerk als Zeichen der Reue für seine Sünden auf

– ein Gebet oder ein Werk der Frömmigkeit oder Nächstenliebe – und erteilt ihm die Lossprechung.
– Mit einem kurzen Entlassungswort endet die Beichte. Ihr sollte ein Dankgebet des Beichtenden und gegebenenfalls die Verrichtung des zur Buße aufgegebenen Gebetes folgen.

Jüngstes Gericht

Gibt es ein Leben nach dem Tode?

Wissenschaftlich ist es nicht zu beweisen. Der Grund für den Glauben der Christen an ein zukünftiges Leben ist allein Jesus Christus. Christen glauben, dass die Fülle des Lebens, welche Christus in die Welt bringen wollte, nicht in den engen Schranken dieser Welt verwirklicht werden kann. So wie Jesus sind auch sie bestimmt, die Ketten des Todes zu zerreißen und mit Gott in enger Gemeinschaft für immer zu leben. Aber dies ist keinem Menschen aufgedrängt. Es steht jedem frei, sich von Gott abzuwenden und ein Leben ohne ihn zu wählen.
Wie der Mensch sich nun entschieden hat, wird im letzten Gericht festgestellt. Manchen mag die Vorstellung eines solchen Gerichtes ängstigen, andere wird sie trösten: Gott schafft Recht, wo Unrecht herrscht: Recht den Armen, den Kleinen, den Ungewollten, den Zu-kurz-Gekommenen. Diese Ordnung ist aber nicht kalt und herzlos. Zwar werden die Menschen mit ihren Zukunftsplänen und ihren Urteilen nicht das letzte Wort haben. Doch Gott wird ihre unvollkommenen Bemühungen vollenden. In Jesus Christus wird er die Welt mit sich versöhnen.

Für den Einzelnen wird dies erfahrbar in seinem Tod (persönliches Gericht). Da aber jeder vielfältig mit dem Leben der anderen Menschen verflochten ist, wird er auch das volle Ausmaß der Vollendung schauen (Weltgericht, Jüngstes Gericht). So wird Gottes Gericht offenbar. Alles wird ins Licht gerückt. Wer sich Gott endgültig verschlossen hat, dem wird sein Gericht zur Hölle. Wer sich ihm nicht genügend geöffnet hat, wird sich unter Schmerzen läutern lassen (Läuterung, Fegefeuer). Wer sich ihm aber anvertraut hat, dem wird sein Gericht zur Seligkeit (Himmel). Wo der Himmel anfängt, kommt man mit irdischen Zeit- und Raumvorstellungen nicht mehr zurecht. Da steht der Mensch vor dem unendlichen Gott. Alle werden ihm begegnen. Sie werden anerkennen, dass Gott nicht nur Recht schafft, sondern in Liebe vollendet, was unvollkommen ist. Niemand wird von seiner Liebe ausgeschlossen sein, wenn er es nicht selbst will.

Erlöst sein – ehrlich zu sich selbst sein

Fred war ein ruhiger und zuvorkommender Mensch mit einer netten Frau namens Susanne und zwei lieben Kindern. Doch Fred fühlte sich als Versager. Da bot sich ihm eine neue Stelle. Fred konnte Topverdiener werden. Er arbeitete hart, stellte sich gut mit seinem Chef, nahm sich Arbeit mit nach Hause. Susanne und die Kinder sahen ihn immer seltener, doch er sagte ihr immer nur: „Du solltest dankbar sein, schließlich geht es jetzt mit uns aufwärts. Mit dem Geld können wir uns bald ein größeres Haus kaufen!" „Mir gefällt es aber hier sehr gut", meinte Susanne. Der Umzug fand statt. Es wurde auch ein Boot gekauft, aber um mit den Kindern eine Tour zu machen, war nie Zeit. Fred wurde reizbar und griesgrämig.

Fred gab nicht nach. Da zogen Susanne und die Kinder aus. Bald danach brach Fred wegen eines Magengeschwürs zusammen. Nun hatte er Zeit zum Nachdenken: „Wie bin ich nur in diese Situation geraten? Susanne und die Kinder verloren, ich könnte genauso gut tot sein."

Doch er hatte die Familie nicht verloren. Sie kamen und besuchten ihn. Fred sagte, dass er immer jemand sein wollte, und nun ist er ein Niemand!

„Du bist jemand für uns, Fred", tröstete ihn seine Frau, „du warst es immer und du wirst es auch immer sein." Diese Worte schenkten ihm die Freiheit zurück. Nach der Krankheit kündigte er seine Stellung, nahm einen ruhigeren Job an und war mit einer kleinen Wohnung zufrieden. Bevor er das Boot verkaufte, machten alle noch eine Segeltour.

Christen haben ein Wort für das, was mit Fred passiert ist: sie nennen es „Erlösung". Erlöst sein heißt, ein Ganzes und ehrlich zu sich selbst sein. Nur sehr wenige Menschen sind schon solch ein Ganzes. Man schafft sich ein Ersatz-Ich und vieles hilft dabei: Alkohol, Drogen, Sex, Spiele, Reichtum, harte Arbeit, Politik, ja auch die Religion ...

Es ist eine schmerzliche Erfahrung, sich einzugeste-

hen, dass man in eine Sackgasse geraten ist, aber es ist schon der erste Schritt. Der zweite ist zu bemerken, dass man so akzeptiert wird, wie man ist.
Christen erkennen in all dem ein Muster – ein Muster von Sterben und Neugeboren-Werden. Und sie haben das von Jesus gelernt. Jesus war der aufrichtige und vollkommene Mensch. Durch seine Freundschaft richtete er gebrochene Menschen auf, machte sie wieder zu Lebenden.
Aber er musste dafür einen hohen Preis zahlen. Er stand als Herausforderer gegen die Frommen, die Engstirnigen. Sie haben ihn getötet. Aber sein Tod war nicht Versagen, sondern Erfüllung; nicht Ende, sondern Anfang. Er lebt jetzt dieses Leben, und er bietet es der Welt – bietet es uns an.
Aber wodurch verdienen wir das? Durch nichts. Gott in seiner Liebe bietet es uns an, will es uns schenken. Nur zustimmen müssen wir und sein Geschenk annehmen. Gott zwingt es keinem auf.

Fast alle Katholiken sind irgendwann in ihrem Leben von der katholischen Kirche einmal enttäuscht. Das passiert meist dann, wenn die Kirche sich zu sehr auf Regeln und Gebote zu konzentrieren scheint. Oder wenn es so scheint, als enge sie die Menschen in Ängste und Schuldgefühle ein.
Während ihrer Geschichte hat sich die Kirche viele Dinge zu Schulden kommen lassen. Nun, aber das ist nur eine Seite und nicht die ganze Wahrheit.
In ihrer langen Geschichte war die Kirche auch der Grund, durch den Millionen Menschen in jedem Alter, jedem Stand und jeder Rasse von Jesus Christus und seiner Leben spendenden Botschaft erfahren haben. Aus den Reihen der Kirche sind Menschen hervorgegangen, die überall für ihre große Güte und Heiligkeit bekannt sind, wie der hl. Paulus, der hl. Franziskus von Assisi oder Papst Johannes XXIII., Mutter Teresa von Kalkutta.
Wenn sich die Kirche ihrer Aufgabe stellt, ein Zeichen von Jesus in dieser Welt zu sein und seine Botschaft von Liebe und Vergebung weiterzugeben, dann erfüllt sie ihren Sinn. Dort liegt auch ihre eigentliche Bestimmung.
Wenn man sich Katholiken genauer anschaut, wird man auf zwei verschiedene Seiten der Kirche treffen. Einerseits wird man Katholiken treffen, die selbstsüchtig, intolerant und ziemlich heuchlerisch sind. Aber man wird auch Katholiken treffen, die einen tiefen Glauben haben, die versuchen, Gott und die Menschen ehrlich zu lieben, und die als echtes Zeugnis für Jesu Liebe und Erbarmen leben.

Man sollte darüber nicht allzu erstaunt sein. Denn man muss, um in die Kirche einzutreten, kein moralisches Führungszeugnis erwerben.
Die Kirche besteht aus ganz gewöhnlichen Menschen, die auch keine Zauberformel fürs „gut sein" besitzen. Zusammen versuchen sie, näher zu Gott zu gelangen; und zu lernen, wie sie ihren Mitmenschen am besten dienen können. Sie machen viele Fehler – individuell und gemeinschaftlich. Katholiken glauben, dass die Kirche nicht einfach nur eine menschliche Institution ist. Das Leben der Kirche kommt aus dem Geist Christi, der in den Herzen aller Mitglieder – soweit sie sich ihm öffnen – weiterlebt.
Darum bleibt die Kirche, trotz ihrer vielen Fehler, ein Zeichen für Jesu Gegenwart in der Welt, und sie wird nicht müde, seine Botschaft von Liebe, Vergebung, Menschenwürde, Freude, Hoffnung und Frieden zu verkünden.

Alleine gehen

Warum muss ich der Kirche angehören, um Jesus nachzufolgen?

Weil die Zugehörigkeit zur Kirche der beste Weg zu sein scheint, um das, was Jesus uns auftrug, zu tun. Er sagte, wir sollen unseren Nächsten lieben wie uns selbst. Er trug uns auf, zusammen zu beten. Er sprach über viele, die in „einem Leib" vereint sind. Wir brauchen diese christliche Gemeinschaft, um Christus in uns selbst und in den Anderen zu finden.

7. Kapitel

Historischer Horror

Wenn man sich einige furchtbare Dinge in der Geschichte anschaut, wie kann die Kirche noch behaupten, von Gott geführt zu sein?

Die Kirche besteht aus Heiligen und Sündern, und von beiden ist auch etwas in jedem Einzelnen. Es gehören nicht nur die zur Kirche, die schon „vollkommen" sind. Es gibt Geschichten von Heiligen und von Sündern, von gut und böse. Manchmal waren die Bösen stärker als die Guten, und dann geschahen schreckliche Dinge im Namen der Kirche. Dass die Kirche das alles überlebt hat, spricht für den Beistand Gottes.

Priester und Ehe

Warum heiraten Priester nicht?

Das sog. Zölibat, die Ehelosigkeit, ist die verpflichtende Lebensform, zu der sie sich vor der Priesterweihe frei entscheiden müssen. Es gehört nicht wesensnotwendig zum Priestertum, hat sich jedoch im Lauf der Geschichte, beeinflusst vom Mönchtum, entwickelt. Sein Sinn ist: der Priester soll von irdischen, familiären Bindungen ganz frei sein für den Dienst für Gott und für die Menschen. Dass diese Freiheit Probleme mit sich bringt, an denen mancher Priesterberuf scheiterte, ist kein Geheimnis.

Weltflucht

Ist es Flucht, wenn Frauen ins Kloster gehen?

Seit frühester Zeit gab es in der Kirche Männer und Frauen, die sich in Orden oder Ordensgemeinschaften zusammenschlossen. Sie fühlten sich von Gott berufen, in dieser Gemeinschaft nach den sogenannten Evangelischen Räten (persönliche Armut, Ehelosigkeit, Gehorsam) zu leben und Gott (in den beschaulichen Orden) und den Menschen (in den tätigen Orden, z.B. durch Krankenpflege, Schule, soziale Dienste) zu dienen. Beides ist freilich nicht streng zu trennen. Vorher prüfen die Einzelnen und der Orden, ob sie zueinander passen, ob die Motive des Eintrittskandidaten dem Anliegen des Ordens entsprechen, also gerade nicht Flucht vor der Welt sind. Wer einmal einen Orden näher kennen lernen kann, erlebt, dass das Leben in einem Orden sehr erfüllt ist.

Heuchelei

Katholiken sind Heuchler. Warum geben sie vor, besser zu sein als der Rest der Menschen?

Es ist erstaunlich, wie viele Menschen diese Ansicht teilen. Eventuell weil Katholiken so viel Zeit aufwenden, um zur Sonntagsmesse oder zur Beichte zu gehen, um ihre Sünden einem Priester anzuvertrauen. Aber es stimmt nicht, dass Katholiken vorgeben, besser zu sein als irgendjemand anders. Wenn man Katholiken fragt, wird man feststellen, dass die meisten sich für nicht besser und nicht schlechter als andere halten.

In diesem Kapitel stellen wir ein Wort vor, das Katholiken oft gebrauchen. Zuerst aber möchten wir ein wenig über die verschiedenen Arten, durch die Menschen untereinander kommunizieren, nachdenken:

- **Durch Worte**: „Einen schönen guten Morgen!“
- **Durch Berührung**: einen Händedruck, einen Kuss.
- **Durch Gesten**: „Hi! – Wink doch mal zurück!“
- **Durch Zeichen**: „Bei Rot bleib stehn!“

All diese Kommunikationsarten benutzen die menschlichen Sinne. Worte werden gesprochen und gehört. Ein Händeschütteln wird angeboten und gefühlt. Gesten und Zeichen werden gesehen (**Rauchzeichen** auch gerochen!). Wenn wir kommunizieren, müssen wir das physisch tun – mit unseren Sinnen. Aber oft wollen wir über Dinge reden, die nicht physisch sind. Ein besonders gutes Beispiel ist die Liebe.

Liebe ist etwas Reales. Aber sie ist nicht physisch real. Wie kann man also jemanden die Liebe zeigen? Man lässt Blumen sprechen, rafft sich zu einer Karte aus dem Urlaub auf, oder man flüstert dem andern was (Nettes!!!), man drückt ihn. Zeichen der Liebe sind etwas Besonderes. Sie tun etwas. Sie tragen eine Bedeutung mit sich, eine Wirklichkeit und eine Kraft, die das Leben verändern können.

Katholiken sind mit dieser Art der Kommunikation sehr vertraut. Sie wachsen schon mit der Erfahrung auf, dass versteckte Dinge – wie die Liebe

– durch Zeichen weitergegeben werden können. Diese spezielle Art von Zeichen nennen sie: Sakrament.
Ein Sakrament ist ein Zeichen, durch das uns Gott seine Liebe, sein Leben und seine Vergebung schenkt. Das erste dieser Zeichen ist Jesus selbst. Er macht Gott für uns in einer Art gegenwärtig, die wir sehen, hören und fühlen können: in seinem menschlichen Leben. Er „verkörpert“ geradezu Gottes Liebe. So ist er ein „Sakrament“. Durch seinen Geist lebt Jesus heute in seiner Kirche. Also könnte die Kirche auch Sakrament genannt werden, da sie ein Zeichen für die Gegenwart Christi in der Welt ist. Jesus verkündet in der Kirche die Liebe des Vaters zu den Menschen und seine Vergebung. Katholiken glauben, dass es besonders heilige Momente sind, wenn Jesus in einer besonderen Art zu ihnen spricht. Diese Momente sind die sieben Sakramente der Kirche. Sie benutzen Zeichen wie Worte oder Gesten und Materialien wie Öl, Wasser, Brot und Wein. Durch diese Dinge erreicht Gott die Sinne der Gläubigen.
Die Sakramente sind Gottes Art zu sagen: „Hier bin ich. Ich liebe dich.“ Und so heißen sie:

Taufe,
Firmung,
Eucharistie,
Bußsakrament,
Ehesakrament,
Priesterweihe,
Krankensalbung.

Zu jung zum Sündigen

Mein Sohn geht bald zur ersten Beichte. Aber er scheint noch viel zu jung, um ernsthafte Sünden zu begehen. Warum werden die Kinder dann so verängstigt?

Beichte ist nicht dazu gedacht, jemanden ängstlich zu machen. Sie sollte eigentlich das Gegenteil tun. Sie bietet die Möglichkeit, die Verfehlungen gegenüber Gott und den anderen Menschen zu überdenken, zu zeigen, dass es uns Leid tut, und uns der Vergebung Gottes gewiss zu werden. Wir sollten nicht zu voreilig mit der Behauptung sein, dass Kinder nichts Falsches tun können, für das sie sich entschuldigen müssten.

Doch bevor Kinder das erste Mal zur Beichte gehen, sollten sie in der Lage sein, zwischen absichtlichen und zufälligen Geschehnissen zu unterscheiden (einen Teller zu zerbrechen, ist sicher ein Versehen, ihn aber der Schwester an den Kopf zu schlagen, ist vermutlich Absicht). Sie sollten auch in der Lage sein, Fehler mit ihren eigenen Worten auszudrücken, und sie sollten auch verstehen, dass Sünden das Verhältnis zu Gott, ihrem Vater, beeinflussen.

Die Taufe verweigert

Als meine Schwägerin ihr Baby taufen lassen wollte, weigerte sich der Priester. Ist das nicht falsch?

Wenn der Priester sich generell geweigert und keine Erklärungen gegeben hat, dann war es sehr falsch. Aber manchmal wird ein Baby zur Taufe gebracht, und der Priester weiß, dass keiner der

Eltern praktizierender Christ ist, und er weiß, dass das Kind im Elternhaus nicht den rechten Glauben finden kann.
In diesem Fall ist der Priester verpflichtet, die Taufe abzulehnen. Er muss aber den Eltern seine Gründe erklären. Möglicherweise war dies bei Ihrer Schwägerin der Fall.
Taufe ist keine Zauberei. Es ist das Zeichen, dass jemand Mitglied der Kirche wird. Es hat also keinen Sinn, ein Kind zu taufen, bevor die Eltern nicht auch vorhaben, es auf den Weg des Glaubens zu bringen.

Ruft einen Priester

Ich war unsicher darüber, ob ich einen Priester rufen sollte, als meine Mutter schwer krank war. Was kann der tun?

Als erstes kann er die Krankensalbung spenden als spezielles Zeichen der Liebe und Sorge Gottes für kranke Menschen. Es besteht aus einigen Gebeten und einem Segen für den Kranken, der Kraft, Besserung und Trost spendet. Der Priester salbt den Kranken mit einem speziellen Öl als besonderen Segen.
Es besteht auch die Möglichkeit, zu beichten oder die Kommunion zu empfangen, so dass der Kranke getrost und erleichtert eventuellen Komplikationen, welche die Krankheit bringen könnte, entgegensehen kann. Der Priester segnet auch die Familie und bietet ihr an, zusammen für den Kranken zu beten.

Zeichen des Lebens und der Liebe

Durch die sieben Sakramente reicht uns Gott symbolisch seine Hand und berührt die Seelen seiner Gläubigen in einem ganz wichtigen Moment.

Taufe

Die Taufe geht auf die direkte Einsetzung durch Christus zurück. Gemeint ist zunächst die Erwachsenentaufe, die beim Täufling den Glauben an Jesus Christus und die innere Umkehr voraussetzt. Die Taufe, im Normalfall vom Priester, im Notfall (Nottaufe) von jedem Menschen gespendet, geschieht durch Eintauchen (früher) oder Übergießen (heute) des Kopfes mit Wasser und der Taufformel: „Ich taufe dich im Namen des Vaters und des Sohnes und des Heiligen Geistes."

Die Taufe ist das Grundsakrament der gesamten Christenheit. Sie bewirkt die Eingliederung des Täuflings in die Kirche und die Vergebung aller bisherigen Sünden.

Firmung

Durch die Firmung wird der Katholik in der Kraft des Heiligen Geistes zu einem Leben aus dem Glauben gestärkt. Sie wird zu einem Zeitpunkt gespendet, da der Heranwachsende sich selbst zum Glauben bekennen kann. Der Bischof legt dem Firmling die Hand auf und salbt seine Stirn mit geweihtem Chrisamöl.

Eucharistie

In der heiligen Eucharistie schenkt sich Christus unter den Gestalten von Brot und Wein den Gläubigen. (s. Kapitel 9)

Bußsakrament
Im Bußsakrament vergibt Christus dem bereuenden Sünder seine Schuld. (s. Kapitel 5 und 6)

Ehesakrament
Die Ehe ist das Sakrament, das sich die Eheleute vor dem zuständigen Pfarrer und vor zwei Zeugen selbst spenden. Es schließt das Versprechen ein, den Partner als Mann bzw. als Frau anzunehmen und ihm in guten und bösen Tagen anzugehören. Dieses Versprechen gilt lebenslang.

Priesterweihe
Die Priesterweihe ist ein vom Bischof gespendetes Sakrament, mit welchem das besondere Priesteramt als ein Dienstamt in der Kirche übertragen wird. Sie wird in der katholischen Kirche einem unverheiratet bleibenden Mann (Zölibat) gespendet, der seinem Bischof Gehorsam gelobt sowie eine entsprechende geistliche und wissenschaftliche Ausbildung (Theologiestudium) absolviert hat.
Die katholische Kirche kennt drei Stufen des Weihesakramentes: Diakonenweihe, Priesterweihe, Bischofsweihe.

Krankensalbung
Die Krankensalbung, früher missverständlich „Letzte Ölung“ genannt, ist das Sakrament zur Stärkung und Sündenvergebung in schwerer Krankheit und Todesgefahr. Der Priester salbt den Kranken mit vom Bischof geweihten Olivenöl (Chrisam) an Stirn und Händen und bittet dabei Christus, den Kranken zu stärken und ihm seine Sünden zu verzeihen.

Mein Schlüssel ist weg!!!
Wer hat diesen Ausruf nicht schon gehört, wer hat ihn nicht selbst schon gebraucht! „Der Schlüssel ist weg."
Ein Betrunkener kriecht des Nachts auf der Erde und sucht etwas unter einer Laterne. Ein Polizist kommt hinzu und fragt, was er denn da suche: „Ich habe meinen Hausschlüssel verloren." Beide suchen ganz eifrig weiter. Dann aber fragt der Polizist: „Sind Sie denn sicher, dass Sie ihn hier verloren haben?" „Nee, nee, dort drüben, aber da ist doch keen Licht?!"
Geht es nur Betrunkenen so? Wo suchen wir den Schlüssel für die Probleme und Fragen unserer Zeit und die des eigenen Lebens? Die hell, ja oft grell erleuchtete Umgebung macht uns glauben, wir müssten ihn doch ganz leicht finden können: Ein wenig Rampenlicht, Gesundheit allzumal und vor allem Lichtblicke beim Lesen der Kontoauszüge – dort muss der Schlüssel doch liegen! Mag sein, dass wir auch den einen oder anderen Türöffner finden: einen Autoschlüssel für die Mittelklasse, einen für das Bankschließfach, einen Schlüssel zum Erfolg, einen zum Eigenheim, vielleicht aber auch den einen oder anderen Haken und Dietrich zu verbotenen Türen und Herzen?
Doch den Schlüssel zu unserem Leben, zum Sinn für alles, den General und Pass par tout meines Daseins?
Ahnen wir, was der Betrunkene schon weiß?! Der Schlüssel liegt im Dunkeln, im Schatten eines Ge-

heimnisses, vielleicht in der Herzschatulle eines anderen?

In unserer Zeit der Magnetstreifenschlüssel verstehen wir besser als je, was Schlüsselwörter bedeuten: Ein „Bitte“, „Ich haben Ihnen das gleich mitgebracht!“, ein „Es tut mir leid!“, „Lass uns wieder neu beginnen“ und „Danke“ gehören zu den Worten, die es gilt, wieder aus dem Verborgenen herauszuholen. Vor allem das „Danke“. Es schließt den anderen Menschen auf und macht mich selbst dankbarer, zufriedener, ruhiger in dem, was ich habe und bin. Ein dankbarer Mensch ist immer eine Schlüsselfigur in seiner Umgebung. Er ist eine Quelle an Rat, ein offenes Buch voll Weisheit, er ist eine aufgeschlossene Seele und ein Füllhorn des Humors.

Und in diesem Sinne zum Schluss ein Rat für Vergessliche:

„Ein kluger Zecher steckt sich fein
den Schlüssel vom Haus schon morgens ein.“
(Spruch aus dem Berliner Ratskeller)

Auch Menschen, die von der katholischen Kirche so gut wie nichts wissen, wissen, dass Katholiken am Sonntag in die Kirche gehen müssen(!). In diesem Kapitel werden wir versuchen zu erklären, warum die Sonntagsmesse so wichtig für Katholiken ist. Selbst Katholiken haben vielerlei Gründe, warum sie in die Kirche gehen – einige gute und einige nicht so gute. Hören wir dazu die folgendenden Dialoge im Himmel und auf Erden!

- Gott-Vater: „Mein Sohn, geh zu den Menschen und sag ihnen, sie sollen mich gefälligst verehren, sonst passiert was!" – Jesus: „In Ordnung. Ich werde dazu die katholische Kirche gründen!"
- Jesus: „Petrus, du mein erster Papst, gib meine Botschaft ganz schnell weiter!" – Petrus: „Ja, Herr, überlass das getrost mir und meinen Getreuen!"
- Papst: „So, Priester, stellt sicher, dass alle Sonntags in die Kirche gehen!" – Priester: „O.K. doch, Boss!"
- Priester zu den Leuten: „Also, alle mal herhören: Sonntags Kirchgang, sonst..."

Früher hatten viele Katholiken solche Bilder von der Kirche im Kopf, doch es geht nicht um den Zorn Gottes:

1. Gott ist kein Tyrann, der verehrt werden will.
2. Jesus ist nicht sein Handlanger.
3. Die Kirche ist nicht die Aufsichtsbehörde Jesu.

Die meisten Katholiken gehen in die Kirche, weil sie der Meinung sind, dass es ein wichtiger Be-

standteil ihres Lebens als Christen ist. Sie sehen die Messe nicht als eine Dienstleistung der Kirche, der sie beiwohnen. Es ist ein Tun, das sie gemeinsam veranstalten. Bei jeder Messe geschieht neu, was Jesus beim Letzten Abendmahl in der Nacht vor seiner Kreuzigung mit seinen Jüngern tat:
„Nehmt und esst alle davon: Das ist der Leib, der für euch hingegeben wird.
Nehmt und trinkt alle davon: Das ist der Kelch des neuen und ewigen Bundes, mein Blut, das für euch und für alle vergossen wird zur Vergebung der Sünden.
Tut dies zu meinem Gedächtnis."
Diese Worte werden ohne Unterbrechung seit fast 2000 Jahren befolgt. Katholiken glauben, dass in diesem Ereignis Jesus, der am Kreuz starb und drei Tage später auferstand, unter ihnen ist. Darum haben Katholiken niemals genug von den Sonntagsmessen. Je öfter sie die heilige Messe mitfeiern, desto tiefer dringen sie in ihr Geheimnis ein:

- Sonntags ist der Tag, an dem Jesus auferstanden ist, das feiern wir.
- Man kann heilige Dinge berühren.
- Wenn ich nicht zur Kirche ginge, würde ich Gott vielleicht vergessen, so bleibe ich im Kontakt.
- Ich bringe all meine Sorgen zu Gott.
- Die heilige Messe vereint uns als Gemeinschaft.
- Hier lernt man Gottes Geschenke annehmen.
- Die Messe bringt mich mit dem gekreuzigten Jesus zusammen.

Die heilige Messe

Wie läuft eine Messe ab?

Die heilige Messe hat vier Teile: Eröffnung, Wortgottesdienst, Eucharistiefeier und Entlassung. Die Eröffnung wird durch Gesang und Gebet bestimmt. Der Wortgottesdienst geht auf die jüdische Sabbatfeier zurück. Im Mittelpunkt steht die Verlesung der Botschaft Gottes: zwei Lesungen, zumeist eine aus dem Alten und eine aus dem Neuen Testament, und das Evangelium, ein Bericht vom Leben Jesu aus dem Neuen Testament. In der Predigt erklärt der Priester das Wort Gottes und bezieht es auf das Leben der Hörer. Die Gemeinde antwortet mit dem Bekenntnis ihres Glaubens, dem Credo, und trägt in den Fürbitten ihre Anliegen, die der Weltkirche und der Einzelnen, vor Gott.

In der Eucharistiefeier spricht der Priester in der Vollmacht Christi für die Gemeinde das große Dankgebet, das sog. Eucharistische Hochgebet. Dabei erinnert er an das Letzte Abendmahl Jesu und sagt über Brot und Wein die Worte, die Jesus damals sprach: Das ist mein Leib - Das ist mein Blut (heilige Wandlung). Die Gemeinde stimmt mit ihrem „Amen" diesem Geschehen zu. Nach dem gemeinsamen Gebet des Vaterunsers und dem Friedensgruß empfangen die Teilnehmer das heilige Brot, den Leib Christi (heilige Kommunion). Mit einem Dankgebet, dem Segen zur Entlassung und zumeist einem Schlusslied endet die heilige Messe.

Zwei Alternativen

Warum können Katholiken nicht zu Hause beten, anstatt in die Kirche zu gehen?

Katholiken können zu Hause beten und tun dies auch. Aber sie tun dies nicht als Ersatz für die Sonntagsmesse. In der Kirche sind sie untereinander und mit Christus in einer einzigartigen und persönlichen Art vereint.

Alleingelassen

Ich bin nicht katholisch, begleite aber meine Freundin ab und zu in ihren Gottesdienst. Ich kann und will jedoch nicht wie die anderen beten und singen. Störe ich, sollte ich besser nicht hingehen?

Zuerst: Sie stören nicht und sind auch als Nichtkatholik willkommen. Wenn Sie sich umschauen, werden Sie bemerken, dass auch andere Leute keine oder nur einige Gebete mitsprechen oder nicht singen. Vielleicht hilft es Ihnen, wenn Sie sich über die Gründzüge der heiligen Messe informieren. Sie können ihren Verlauf mit Hilfe des in den meisten Kirchen ausliegenden Gesangbuches „Gotteslob" verfolgen (Nr. 353 - 366).

Langweilige Messe

Ich war in der Messe. Es war langweilig. Warum?

In einigen Gemeinden ist die heilige Messe leider langweilig – selbst für Katholiken. Dies sind Gemeinden, in denen sich weder Priester noch Gemeinde besonders um die heilige Messe kümmern. Halbherzige Gesänge, schlecht vorgetragene Lesungen und nicht gerade inspirierende Predigten sind die Symptome. Eigentlich sollte es aber nicht so sein. Die heilige Messe ist die Feier von Christi Gegenwart unter uns. In der Kirche fühlen sich die Menschen in Kontakt mit Jesus und beten vereint zu ihm. Dies geschieht unabhängig davon, ob die Messe gut gestaltet war oder nicht. Trotzdem haben Priester und Gemeinde die Verantwortung dafür, dass die Bedeutung der heiligen Messe durch eine sorgfältige Gestaltung gebührend zur Geltung kommt.

„Dat iss en heiligmäßige Mann."
Dieser prägnante Ausspruch geht auf Konrad Adenauer zurück und betrifft einen ... Politiker!
Und wer war dieser Politiker, der schon vor einem halben Jahrhundert auf die Vision eines geeinten Europas mit konkreten Vorschlägen zusteuerte?
Robert Schuman, von 1948-53 Außenminister Frankreichs und 1958 Präsident des Europäischen Parlaments. Er tritt nach dem Krieg für eine schnelle Versöhnung zwischen Deutschland und seinem Nachbarn Frankreich ein. Er erhält viele Ehrungen, die er sich nicht zuletzt durch seinen integren und vorbildlichen Lebenswandel verdient.
Für Robert Schuman gab es keine politische Debatte, kein Treffen oder sonstige Beratung, zu der er nicht auch einen Gottesdienst organisierte und dorthin zu Gebet und Mitfeier einlud. Er lebte aus Gebet und Sakrament. Für ihn hörte Christsein nicht am Eingang zum Parlamentsgebäude auf.

Wenn heute der Antrag auf ein Seligsprechungsverfahren für diesen Mann der Öffentlichkeit gestellt wird, ist dies ein Zeichen, dass auch in der sogenannten „schmutzigen Politik“ Lauterkeit der Gesinnung und Reinheit in der persönlichen Lebensführung möglich sind.
Robert Schuman war als Luxemburger ein „Mann der Grenze“. Er war stets bemüht, Getrenntes zu vereinigen, aber auch Wesentliches zu bewahren, ihm Form und Grenze zu erhalten, damit positive Inhalte nicht „auslaufen“.
Als es 1958 zur Wahl des Präsidenten für das Europäische Parlament kam, erhob sich das ganze Parlament, klatschte fünf Minuten lang in die Hände und machte dadurch deutlich, dass sie Robert Schuman ihre Stimme gaben. Er erhielt den Ehrentitel „Vater Europas“. Dieser Titel wurde nur einmal verliehen!

Jeder mag es gerne, ein junges Pärchen zu sehen, das sich so sehr liebt, dass es den Rest seines Lebens zusammen verbringen möchte.
Die beiden haben die Liebe zueinander entdeckt. Sie gibt ihrem nun gemeinsamen Leben einen tiefen und schönen Sinn. Das ist ihnen so wichtig, dass sie es für immer besiegeln und vor allem öffentlich bezeugen wollen. Und so versprechen sie sich in Gegenwart ihrer Familien und Freunde in der Kirche ihre unsterbliche Liebe.
„Das ist alles schön und gut", könnte einer sagen, „aber warum muss man die Religion immer mit in alles reinziehen? Es gab auch schon Hochzeiten lange bevor es die Christenheit gab." Das ist wahr. Aber als sich die Christenheit entwickelte, stellten verheiratete Christen auf einmal fest, dass ihre Liebe füreinander die selbe Liebe war, die sie im Herzen für Christus empfanden. Etwa so, wie es auch in einem Apostelbrief des Neuen Testaments heißt: **„Gott ist die Liebe und wer in der Liebe bleibt, bleibt in Gott und Gott in ihm"** (1 Joh 4,16).
Also nahm die Ehe für Christen eine viel tiefere Bedeutung an. Christen fingen an, die Ehe nicht mehr nur als soziale Einrichtung zu betrachten, sondern auch als einen Weg zur Heiligkeit.
Die Liebe, die ein Ehepaar füreinander zeigt, betrifft nicht nur das Paar selbst. Sie ist auch ein Zeichen für die ganze Kirche. Und so wurde Ehe zum Sakrament – eines der sieben, durch die die Liebe Christi in der Welt sichtbar wird.

Die Liebe

Aber wie werden denn Ehepaare ein Zeichen der Liebe Christi?

Vor allem durch das Entdecken, was Liebe ist und was sie bedeutet. Ehe wird ja oft auch Schule der Liebe genannt. Und manche Menschen haben dort noch eine Menge zu lernen.

Wenn die Flitterwochen erst vorüber sind, müssen alle Paare entdecken, was wahre Liebe bedeutet. Während der Wochen, Monate und Jahre ihrer Beziehungen gibt es zahllose Gelegenheiten, um gegenseitige Akzeptanz, Toleranz und Barmherzigkeit zu lernen.

Das Geheimnis liegt darin, zu entdecken, was Liebe wirklich bedeutet, und so näher zu Christus zu finden. Dies ist ein Grund, warum die katholische Kirche darauf besteht, dass die Ehe etwas fürs ganze Leben ist. Nur durch die lebenslange Treue von Mann und Frau kann die ganze Treue der Liebe Christi symbolisiert werden.

Es sollte jetzt klar sein, dass die Vorstellung der katholischen Kirche von der Ehe mehr enthält, als nur die Hochzeit in einer Kirche abzuhalten. Was eine Ehe christlich macht, ist nicht nur ein Segen für einen Vertrag. Christliche Ehe ist eine persönliche Beziehung lebensspendender Liebe, in der zwei Menschen die Liebe Christi füreinander sichtbar machen. Und die Kirche möchte, dass die Paare wissen, was sie sich vornehmen. Die Ehe ist nicht das Happy End einer Liebesgeschichte. Sie ist der glückliche Anfang einer lebenslangen Liebesbeziehung in Christus.

Kirchliche Hochzeit

Was hat die Kirche mit der Hochzeit zu tun?

Die Ehe als rechtlich geordnete Beziehung zwischen einem Mann und einer Frau besteht unabhängig davon, ob die Ehepartner an Christus glauben oder nicht. Wer aber an ihn glaubt und mit der Kirche lebt, für den ist die Ehe mehr als die natürlichste Sache der Welt. Wenn zwei getaufte Christen heiraten, so ist ihre Ehe ein Sakrament. Das heißt: Die Eheleute setzen ein Zeichen: Ihr Ja zueinander und ihr Leben miteinander sollen ein Abbild des Lebens Christi mit seiner Kirche sein.

So fröhlich wie wir sind

Meine Freundin und ich werden heiraten, weil wir verrückt nach einander sind. Warum sollen wir uns mit unseren Religionen belasten?

Wenn man verrückt nach jemandem ist, will man alles von ihm wissen: was er mag und was er nicht mag, was ihm wichtig ist. Der eigene religiöse Glaube und der des Partners sind Teil dessen, was jeden ausmacht. Er bietet einen Hintergrund für die vielen wichtigen Entscheidungen, die man im Leben fällen muss. Bevor man also jemanden heiratet, ist es wichtig, denjenigen oder diejenige so gut wie nur möglich zu kennen. Der Glaube kann so viele wichtige Aspekte des Ehelebens beeinflussen, dass es wichtig ist, beide Sichtweisen der Religion miteinander zu teilen, bevor man eine lebenslange Übereinkunft trifft.

Ehescheidung/Ehenichtigkeit

Wenn die Ehe missglückt, kann man sich scheiden lassen?

Eine gültige Ehe kann nach katholischer Lehre nicht geschieden werden. Die Kirche hält sich an das Wort Jesu: „Was Gott verbunden hat, das darf der Mensch nicht trennen" (Mt 19,6). So bleibt auch bei einer Scheidung der Ehepartner die einmal gültig geschlossene Ehe bestehen. Eine kirchliche Wiederheirat ist nicht möglich. Die Kirche muss aber den Geschiedenen beistehen, denn Gott hat ein Herz auch für die Gescheiterten.

Manche geschiedenen Katholiken streben einen kirchlichen Eheprozess zur Feststellung der Nichtigkeit ihrer Ehe an.

Nichtig kann eine Ehe sein, wenn bei der Eheschließung ein nicht beachtetes Ehehindernis vorlag, wegen eines Mangels an Erkenntnis (Geisteskrankheit oder grobe sittliche Unreife) oder bei nachweisbar fehlendem Ehekonsens (bloße Simulation oder Ausschluss eines Bestandteiles des Konsenses, also der Einheit und Unauflöslichkeit der Ehe sowie der sexuellen Gemeinsamkeit, die auf die Zeugung von Nachkommen ausgerichtet ist). Nichtig ist auch eine Ehe, die nicht freiwillig geschlossen wurde, sondern nur unter Zwang zustande kam. Eine solche nichtige Ehe wird nicht geschieden, sie bestand, entgegen dem Augenschein, gar nicht.

Mischehe

Was sagt die Kirche, wenn ein Ehepartner nicht katholisch ist?

Es gibt zwei verschiedene Arten von Mischehen, die konfessionsverschiedene und die religionsverschiedene Mischehe.

Bei der konfessionsverschiedenen Ehe sind beide Partner getaufte Christen, einer von ihnen gehört jedoch einer nichtkatholischen Konfession an, er ist z.B. evangelisch. In diesem Fall ist eine Mischehe nach dem Kirchenrecht gültig, aber nicht erlaubt. Für die Erlaubtheit muss der zuständige Pfarrer beim Bischof eine Dispens (die Befreiung vom Kirchengesetz für einen bestimmten Fall) einholen. Voraussetzung für die Dispens ist das Versprechen des katholischen Ehepartners, seinem Glauben treu zu bleiben und die Kinder in diesem Glauben zu erziehen.

Eine solche Mischehe ist in der Regel eine Belastung für das Glaubensleben. Sie fordert eine große Toleranz der Partner, sie hält aber auch die Dringlichkeit des Anliegens der Einheit der Kirchen wach.

Die Kirche wünscht, nach erteilter Dispens, eine katholische Trauung, lässt jedoch auch eine sog. ökumenische Trauung zu. Dabei handelt es sich um eine katholische Trauung in Anwesenheit des evangelischen Pfarrers oder eine evangelische Trauung unter Teilnahme des katholischen Pfarrers. Diese Trauungsform wurde von der katholischen und der evangelischen Kirche gemeinsam erarbeitet.

Eine religionsverschiedene Ehe, bei der ein Partner nicht getauft oder auch religionslos ist, ist nach kirchlichem Recht ungültig, falls keine Dispens vorliegt. Da eine solche Mischehe eine starke Belastung für den Glauben des katholischen Partners bedeutet, wird die Dispens in der Regel nur erteilt, wenn der Dispensgeber sich moralisch sicher ist, dass der Katholik seinem Glauben treu bleiben wird.

Fragen vor der Ehe

- Kann ich mein ganzes Leben mit diesem Partner verbringen? Bin ich in der Lage, die Beziehung jeden Tag meines Lebens zu stützen?
- Ist mein Partner auch zu solch einer Beziehung mit mir in der Lage?
- Kann ich meinen Partner lieben und ehren, in guten und in schlechten Zeiten, in Krankheit und Gesundheit?
- Kann ich mich auf meinen Partner verlassen und tut er dasselbe bei mir?
- Kennt mein Partner mich gut genug (die guten und die schlechten Seiten), um ein lebenslanges Versprechen mit mir einzugehen?
- Kenne ich meinen Partner gut genug, um das Gleiche zu tun?
- Heirate ich aus eigenem freien Willen? Bin ich mir sicher, dass ich von niemandem bedrängt werde?
- Bin ich mir sicher, dass mein Partner meine religiöse Überzeugung toleriert, und toleriere ich seinen Glauben, falls es nicht auch der meine ist?

Für Jahrhunderte war es die herrschende Meinung, dass die erste und einzige Aufgabe von Sex die Zeugung von Kindern war, der vergnügliche Aspekt von Sex aber wurde mit Argwohn betrachtet. Diese Einstellung hinterließ seine Spuren bei vielen Katholiken: *„Ich brauchte eine lange Zeit, um eine ehrliche sexuelle Beziehung zu meinem Ehemann aufzubauen, hauptsächlich wegen meiner antiquierten Erziehung. Ich wollte keine Liebesspiele oder so etwas zulassen – es fühlte sich so sündig an. Und deshalb war unser Liebesleben oft eine große Enttäuschung."*

Es gab auch immer Bestrebungen in der Kirche, die erkannt hatten, dass die sexuelle Vereinigung zwischen Mann und Frau eine viel tiefere Bedeutung hat als nur die rein biologische: *„Die Liebe wird durch den eigentlichen Vollzug der Ehe in besonderer Weise ausgedrückt und verwirklicht. Jene Akte also, durch die die Eheleute innigst und lauter eins werden, sind von sittlicher Würde." (II. Vatikanisches Konzil: Kirche und Welt, Nr. 49)*

Ein besonderes Zeichen aus der letzten Zeit ist auch, dass die Kirche angefangen hat, Ehepaaren zuzuhören und deren Erfahrungen ernst zu nehmen, wie etwa den folgenden: *„Ich fühlte, dass eine offene sexuelle Beziehung in der Ehe sehr wichtig ist. Und ich finde, dass eine Menge der Wunden, die der tägliche Ärger hinterlässt, beim Lieben geheilt wird. Ich fühle mich umsorgt und geliebt, fühle, dass ich gebraucht werde."*

Es ist sehr interessant, dies mit den Worten des Konzils zu vergleichen.

Aufgrund seiner Natur ist Sex ein physischer Akt, aber seine Bedeutung geht viel tiefer. Er hat die Kraft zu heilen, zu lindern und zu beruhigen. Durch sexuelle Vereinigung lernt ein Paar sich noch besser gegenseitig kennen. Durch Sex können sie ihre Freude und Dankbarkeit ausdrücken. Er ist eine Körpersprache – eine Sprache, in der die Partner die tiefsten Gefühle, Gedanken und Bedürfnisse ausdrücken. Mit anderen Worten, Sex vertieft die Beziehung zwischen zwei Menschen. Und dies ist ein Grund dafür, dass die katholische Kirche der Meinung ist, dass Sex seine volle und authentische Bedeutung nur in der dauerhaften Gemeinschaft der Ehe finden kann. Außerehelicher Sex ist dagegen ärmlicher, erstens, weil die Beiden sich nicht sicher sein können, ob sie dasselbe wollen. Und zweitens, weil außerehelicher Sex nicht die Chance hat, sein gesamtes Potential zu entwickeln: „Sich lieben" soll auch sich lieben bedeuten!

Zu viele Kinder

Warum ist die katholische Kirche so gegen die Familienplanung? Warum soll ein Paar so viele Kinder bekommen, wie es kann?

Die katholische Kirche ist nicht gegen die Familienplanung. Im Gegenteil, die Kirche ermutigt Ehepaare, ihre Familie verantwortungsbewusst zu planen. Die Missverständnisse zu diesem Thema erwachsen daraus, dass Begriffe wie Familienplanung, Geburtenkontrolle oder Empfängnisverhütung oft verschieden verstanden werden.

Die katholische Kirche ist gegen künstliche Methoden der Empfängnisverhütung wie die Pille oder das Kondom. Aber sie ist nicht gegen das Prinzip der Familienplanung. Verheiratete Paare sollen vernünftige Entscheidungen darüber treffen, wann und wie viele Kinder sie haben wollen. Dabei sollen sie Überlegungen, wie ihren finanziellen Status, ihre Wohnung oder die eigene Reife und Fähigkeit, für ein Kind zu sorgen, mit einfließen lassen. So kann es sein, dass ein junges Paar erst enger zusammenwachsen will, bevor sie die Verantwortung übernehmen, ein Kind zur Welt zu bringen. Oder sie wollen sich erst ein Zuhause schaffen.

Empfängnisverhütung

Warum verbietet die katholische Kirche die Pille und andere Verhütungsmittel?

Wenn man fragt, wofür der sexuelle Umgang da ist, so gibt es zwei Funktionen. Die erste ist, um die liebende Verbindung zwischen Mann und Frau auszudrücken. Jedes mal, wenn sie sich lieben, stärken und vertiefen sie ihre Verbindung.

Die zweite Funktion von sexuellem Verkehr ist die Zeugung von Kindern. Während es sich seine Liebe zeigt, kann ein Paar mit der kreativen Schöpfung Gottes zusammenarbeiten, welche es möglich macht, neues Leben in die Welt zu bringen. Die katholische Kirche hält daran fest, dass diese beiden Funktionen von Sex nicht getrennt werden können. Sie sind in den Sexualakt integriert, genauso wie der Genuss von Speisen einerseits und die Notwendigkeit, den Körper zu ernähren, andererseits in den Akt des Essens integriert sind. Es ist keine Auflehnung gegen Gottes Schöpfung, wenn Paare ihr Liebesspiel auf die unfruchtbaren Tage im Zyklus der Frau legen. Sie nehmen lediglich an, was Gott in der Natur geschenkt hat.

Natürliche Methoden

Empfiehlt die Kirche natürliche Verhütungsmethoden, die nicht sehr verlässlich sind?

Die Kirche ist keine Familienplanungs-Agentur. Das Anliegen der Kirche ist die Moral der Geburtenkontrolle. Es sei auch angemerkt, dass es genauso unmoralisch sein kann, wenn die Benutzung natürlicher Verhütungsmethoden nur aus reinem Selbstzweck geschieht. Wenn zum Beispiel ein Paar keine Kinder möchte, nur um ein einfaches und komfortables Leben ohne Bindungen zu haben, so handelt es – aus kirchlicher Sicht – unmoralisch, selbst wenn es dazu natürliche Verhütungsmethoden benutzt. So ist die Sicherheit natürlicher Verhütungsmethoden nicht entscheidend, sondern die Moral. Auch Menschen, die nicht katholisch sind, finden diese Methode immer attraktiver, da sie nicht die Nachteile künstlicher Verhütungsmethoden – zum Beispiel die Möglichkeit der Nebenwirkungen der Pille – mit sich bringt.

Was wünscht man sich am meisten für seine Kinder?
Stellen wir uns zu diesem Zweck folgendes Angebot einer guten Fee vor: Sie stellt vor die Eltern zwei Krüge mit guten Gaben für das Kind, aber... Es dürfen nur aus dem einen oder dem anderen Krug drei Dinge herausgegriffen werden, nicht aus beiden. Wählen Sie!

Ruhm	Geduld
Macht	Freundlichkeit
Physische Schönheit	Edelmut
Finanzielle Sicherheit	Selbstachtung
Perfekte Gesundheit	Mitleid
Erfolg	Toleranz
Reichtum	Aufrichtigkeit
Einfluss	Ehrlichkeit

Für viele dieser Gaben sprechen gute Gründe. Die Dinge des linken Krugs sind wirklich Geschenke. Eltern können aber mit ihrer Liebe, Sorge, ihrem Einfluss und mit guten Beispielen die Fundamente legen, die ein Kind ermutigen, die Gaben des rechten Kruges selbst zu entwickeln.
Deswegen legt die katholische Kirche auch soviel Wert auf die Bedeutung des Familienlebens. Eine glückliche und gefestigte Familie bietet genau die Atmosphäre, in der ein Kind lernt, sich auf andere zu beziehen: zu sorgen, zu teilen, zu lieben und zu vergeben.
So finden die wichtigsten Momente im Leben eines Kindes nicht in der Schule oder in der Kirche statt, sondern zu Hause. Hier lernen die Kinder, dass sie

geliebt und akzeptiert werden. Die Eltern sind die ersten und wichtigsten Lehrer eines Kindes. Die Art, wie Eltern miteinander sprechen, wie sie Probleme bewältigen und wie sie ihre Toleranz und Vergebung zeigen, formt also ihr Kind.
Katholiken glauben, dass es wichtig ist, dass ihre Kinder schon früh eine liebende Verbindung zu Gott aufbauen. Dazu gehört einmal die Achtung des Kindes für seine Umwelt, und es ist nur ein kleiner Schritt weiter, um ein einfaches Gebet der Bewunderung, Dankbarkeit oder des Lobes zu sprechen. In katholischen Familien werden solche Gebete oft vor dem Schlafengehen gesprochen. Katholische Kinder gehen zu ihrer ersten Beichte und zur ersten heiligen Kommunion mit acht oder neun Jahren und sie werden zwischen 12 und 14 gefirmt. Die Eltern sind dazu angehalten, eine aktive Rolle zu spielen.
Die christlichen Hochfeste haben auch eine sehr große Bedeutung im Familienleben. Katholiken lieben die Fröhlichkeit, und sie freuen sich wie jeder andere über einen Feiertag. An Festen wie Weihnachten oder Ostern aber wollen sie den religiösen Gehalt an die erste Stelle setzen.
In unserer Zeit ist es nicht einfach, eine Familie christlich zu erziehen. Die Werte der Konsumgesellschaft setzen unter Druck, weil man vielleicht seinen Kinder nicht alles kaufen kann oder auch nicht will. Aber ein viel größeres Geschenk ist die Liebe und Geborgenheit eines glücklichen Zuhauses.

12. Kapitel

Kinder aufziehen

Inwieweit erwartet man vom nichtkatholischen Partner, die Kinder katholisch zu erziehen?

Die Verpflichtung liegt in diesem Falle beim katholischen Partner. Der wird freilich dankbar für die moralische Unterstützung sein, die er in Bezug auf die religiöse Erziehung der Kinder erfährt. Es ist auch wichtig, ihren Kindern ihre eigenen Ideen und Vorstellungen zur Religion zu erklären. So lernen sie Verständnis und Toleranz gegenüber anderen Ansichten – ein wichtiger Teil der christlichen Erziehung.

Katholische Schulen

Fördern wir nicht Missverständnisse und Teilung der Gesellschaft, wenn wir Kinder auf konfessionelle Schulen schicken?

Die konfessionellen Schulen sind in der Regel ökumenisch offen. Eine gute katholische Schule hat ihren Schülern diese Einstellung zu vermitteln. In einer konfessionellen Schule lernt ein Kind außerdem die Traditionen, Bräuche und Überzeugungen der jeweiligen Religion kennen.

Taufpaten

Meine Familie ist nicht katholisch, aber ich hätte gerne meine Schwester als Taufpaten für unseren kleinen Sohn. Ist das erlaubt?

Taufpaten stammen aus der Zeit, als viele Menschen zum christlichen Glauben konvertierten und viele davon keine christlichen Eltern hatten. Sie sprachen für den Täufling und halfen ihm, im Glauben zu wachsen. Die meisten Eltern wählen aber zwei Taufpaten aus. Sollte dies der Fall sein und ein Taufpate ist katholisch, so wäre es möglich, dass der zweite kein Katholik ist. Voraussetzung ist, ihre Schwester ist selbst getauft und sie ist erwachsen bzw. alt genug, um ihre Rolle zu verstehen.

Gemeinsame Messen

Ich bin praktizierender Protestant und mein Mann ist Katholik. Ist es ihm erlaubt, regelmäßig an Gottesdiensten in meiner Kirche teilzunehmen?

Ja, das ist es. In einer Mischehe, in der beide Partner aktive Angehörige unterschiedlicher Konfessionen sind, kann der Besuch der jeweils anderen Kirche ein wichtiger Punkt des Teilens und der Einheit im Herzen einer Ehe sein. Im Moment ist aber Interkommunion nicht erlaubt, also darf keiner von ihnen die heilige Kommunion in der Kirche des Anderen empfangen. Aber es spricht nichts dagegen, dass Ihr Partner an den Gottesdiensten in Ihrer Kirche teilnimmt, solange er seinen katholischen Verpflichtungen nachkommt.

Das Leben ist nicht nur Arbeit, andererseits ist es ohne Arbeit auch kein Leben. Wieviele Arbeitslose fühlen sich überflüssig und von der Gesellschaft ausgegrenzt.
Die Bibel spricht schon auf den ersten Seiten von der Arbeit als einem Unterwerfen der ganzen Erde. „Gott segnete sie (Adam und Eva), und Gott sprach zu ihnen: Seid fruchtbar und vermehrt euch, bevölkert die Erde, unterwerft sie euch, und herrscht über die Fische des Meeres, über die Vögel des Himmels und über alle Tiere, die sich auf dem Land regen", heißt es im Buch Genesis schon gleich nach der Erschaffung des Menschen, also noch im „paradiesischen" Zustand. Selbst hier gehörte Arbeit also zum Wesen des Menschen.
Nach der Vertreibung aus dem Paradies erhält die Arbeit auch ein Stück die Bedeutung von Mühe, Schweiß, vielleicht sogar einen Anflug von Strafe für begangene Sünden. Durch die Menschwerdung Gottes in Jesus Christus aber ist auch die Arbeit erlöst und geheiligt. So schreibt der Katholische Weltkatechismus: „Die menschliche Arbeit ist das unmittelbare Werk der nach dem Bilde Gottes geschaffenen Menschen. Diese sind dazu berufen, miteinander das Schöpfungswerk fortzusetzen, indem sie über die Erde herrschen. Die Arbeit ist somit eine Pflicht: ‚Wer nicht arbeiten will, soll auch nicht essen' (2 Thess 3,10). Die Arbeit ehrt die Gaben des Schöpfers und die empfangenen Talente. Sie kann auch erlösend sein. Indem der Mensch in Vereinigung mit Jesus, dem Handwerker von

Nazaret und dem Gekreuzigten von Golgota, die Mühen der Arbeit auf sich nimmt, arbeitet er gewissermaßen mit dem Sohn Gottes an dessen Erlösungswerk mit. Er erweist sich als Jünger Christi, indem er bei der Tätigkeit, die er auszuführen hat, Tag für Tag sein Kreuz auf sich nimmt. Die Arbeit kann ein Mittel der Heiligung sein und die irdische Wirklichkeit mit dem Geiste Christi durchdringen." (Katechismus der Katholischen Kirche 2527)

Katholiken und verlängerte Ladenöffnungszeiten

Wieso ist eigentlich die katholische Kirche gegen die Öffnung von Geschäften am Sonntag, da hätte man doch mal richtig Ruhe zum Shoppen?

Nicht nur die Katholiken fühlen sich an das Sonntagsgebot gebunden, nach dem wenigsgtens ein Tag in der Woche der Ruhe und dem Gottesdienstbesuch vorbehalten sein soll. Auch viele andere Menschen spüren, dass dieser natürliche Rhythmus zur Lebenskultur gehört. Wenn der Sonntag „fällt", gibt es – wie ein Slogan sagt – nur noch Werktage. Nicht zuletzt sind von Sonntagsöffnungszeiten besonders die Verkäufer und Verkäuferinnen, aber auch deren Familien betroffen.

Kapitalismus – Kommunismus

Wieso sind Katholiken eigentlich gegen den Kommunismus, steht nicht in der Bibel, dass die ersten Christen alles gemeinsam hatten?

Es hat in der Geschichte der Kirche und der Christenheit allgemein immer Formen kollektiven Besitzes gegeben, und in den Orden und anderen kirchlichen Gemeinschaften wird die Gütergemeinschaft gelebt. Immer aber sind es freiwillig gewählte Lebensentwürfe. Kommunismus war und ist dagegen mit Zwang und gewaltsamer Enteignung verbunden. Die Kirche setzt sich für die Freiheit des Menschen ein, und Gott will, dass der Mensch seinen Besitz aus freien Stücken verwaltet und mit anderen teilt.

Ora et labora

Ein Freund aus Berlin hat diesen Wahlspruch der Benediktiner salopp mit „Bete und Arbeete!" übersetzt. Was verbirgt sich hinter diesen Worten?

Die Benediktiner sind der älteste Orden der katholischen Kirche und einer der bedeutendsten Kulturträger des Abendlandes. Die Sentenz des heiligen Benedikt besagt, dass es für das menschliche Zusammenleben und das Verhältnis zur Welt zwei wichtige Prinzipien gibt: die Beziehung zu Gott – ausgedrückt durch das Wort Gebet, und die Beziehung zum Nächsten – ausgedrückt im Wort Arbeit. Hierbei heißt beten nicht nur vor Gott knien, sondern auch Gottesdienst feiern, in der Mönchsgemeinschaft und Gemeinde beten und singen, es heißt vor allem aber mit Gott alle Dinge des Lebens besprechen.

Arbeit steht für alles Tun des Menschen, seine Fähigkeit, aus Natur Kultur zu schaffen, seinen

Dienst am Mitmenschen, aber auch seine Liebe in der Partnerschaft und die Zeugung und Erziehung von Kindern, die Errichtung gerechter sozialer Strukturen. All dies haben die Benediktiner angeregt und durch ihre Verbreitung weitergegeben. Vor einigen Jahren wurde Benedikt vom Papst zum Schutzpatron Europas ernannt.

Arbeitskampf und Streik

Dürfen Katholiken streiken?

Ja, natürlich. Das Lehramt der Kirche schreibt dazu klärend: „Streik ist sittlich berechtigt, wenn er ein unvermeidliches, ja notwendiges Mittel zu einem angemessenen Nutzen darstellt. Er wird sittlich unannehmbar, wenn er von Gewalttätigkeiten begleitet ist oder wenn man mit ihm Ziele verfolgt, die nicht direkt mit den Arbeitsbedingungen zusammenhängen oder die dem Gemeinwohl widersprechen." (Katechismus der Katholischen Kirche 2435)

Lieben und arbeiten! –
Lieben genügt nicht;
lieben und arbeiten,
das ist alles.
Lieben, das ist der Samen;
arbeiten heißt aufkeimen,
auftreiben und Frucht geben.

Miriam vom gekreuzigten Jesus

Die Vorstellung der meisten Menschen vom Beten stammt noch aus ihrer Kindheit. Damals enthielten die Gebete meist Wünsche um irgendwelche Dinge. Gott schien so etwas wie ein himmlischer Weihnachtsmann zu sein. Das Dumme daran war nur, dass er nicht immer alle Dinge brachte, die man sich von ihm wünschte.
Der Grund dieser Art des Betens ist eine Vorstellung von Gott als „extra mächtigen Mann im Himmel", der über die Welt auf dem Laufenden gehalten werden muss, damit er alle Probleme ausbügeln kann. Jesus sprach von Gott mit ganz anderen Worten – als liebendem Vater, der all unsere Bedürfnisse schon kennt.
Und diese Art, über Gott zu denken, liegt im Herzen jedes echten Gebetes.

Echte Gebete
basieren auf dem Glauben, dass Gott tief in uns ist. Er ist an unserer Seite, er liebt uns.
Katholiken sollen regelmäßig beten. Nicht nur wenn sie in der Kirche sind, sondern auch zu anderen Zeiten: zu Hause oder beim Spazierengehen oder an irgendeinem anderen Platz.

Beten
wurde auch „Zeitverschwenden mit Gott" genannt. Es ist ein bisschen wie wenn man verliebt ist. Wenn man Verliebte fragt, warum sie Zeit zusammen verbringen, werden sie vermutlich antworten: weil wir einfach gerne zusammen sind. Mit dem Gebet

ist es dasselbe. Tief im Inneren ist das Beten eine Beziehung. Man will einfach mit Gott zusammen sein. So wie ein heiliger alter Mann es ausdrückte, als er gefragt wurde, wie er betet:

Er schaut auf mich und ich schaue auf Ihn.

So wird das Beten nicht an seinen Ergebnissen gemessen. Es ist der Wert des Betens an sich, der zählt. Aber sehr oft sprechen Menschen richtig mit Gott. Sie drücken ihre Gedanken, ihre Verehrung, ihre Sorgen wegen ihrer Sünden und ihr Vertrauen aus. Und sie bitten auch um Dinge. Wenn sie bitten, drücken sie ihre komplette Abhängigkeit von Gott aus.

Menschen, die regelmäßig beten, neigen dazu, mit Gott in einer sehr familiären Art zu sprechen. Sie denken nicht, dass sie die Art Sprache brauchen, die man manchmal in der Kirche hört. Stattdessen benutzen sie ihre eigenen Worte und sagen, was sie sagen wollen, offen und ehrlich. Und manchmal, wenn sie ärgerlich oder enttäuscht sind, bedeutet das auch mit Gott rechten und schimpfen. Und wenn man sich so fühlt, ist daran nichts falsch.

Menschen entdecken beim Beten, dass die Initiative nicht von ihnen selbst ausgeht. Gott ist schon immer für uns da. Man findet ihn überall in der Welt: in der Natur um uns herum, in anderen Menschen und tief in sich selbst. Wenn jemand betet, so öffnet er sich selbst Gott.

Im Gebet erforschen die Menschen die Tiefen ihres Lebens, sie entdecken besser, wer sie eigentlich sind und wo ihr Platz in der Welt ist. Im Gebet öffnen und vereinen sie sich mit der Liebe, die die

Quelle aller Realität ist, und lernen, diese Liebe mit anderen zu teilen.

Gott weiß es

Wenn Gott alles weiß, warum sollen wir dann in unseren Anliegen beten?

Wir beten, weil wir das müssen, nicht weil Gott unsere Nöte und Sorgen nicht kennt. Gott lädt uns immer wieder ein, seine Gaben und seine Liebe zu akzeptieren, aber wir merken das oft nicht. Durch Gebete wächst unsere Fähigkeit, seinen Schutz zu bemerken, und wir lernen, auf seine Einladung zu antworten. Wir fangen an, unsere Abhängigkeit zu bemerken, und fühlen uns zu ihm hingezogen.

Die Verstorbenen

Worin liegt der Sinn, für die Verstorbenen zu beten?

Katholiken beten für die Toten, weil sie denken, dass wir alle Mitglieder der großen Familie Gottes sind. Wenn also jemand stirbt, so beten die Katholiken für ihn oder sie, damit er ganz mit Gott vereint wird in Frieden und ewigem Leben. Diese Gebete helfen auch den Hinterbliebenen, die in diesen schwierigen Zeiten die Sorge ihrer christlichen Brüder und Schwestern erfahren.

Der Rosenkranz

Was ist der Sinn, die gleichen Worte immer wieder zu wiederholen, so wie Katholiken es beim Rosenkranz oder einigen anderen Gebeten tun?

Die Wiederholung von Gebeten ist eine Hilfe beim Konzentrieren. Es ist schwer, still zu sitzen und über Gott nachzudenken. Ablenkungen und Ängste stören uns. Wenn man ein kurzes Gebet wiederholt, so hilft das, die Aufmerksamkeit zu sammeln und den Geist zu beruhigen. Es ist wie ein kleines Kind, das auf dem Schoß seiner Mutter schaukelt und dabei immer „Mami, Mami" sagt. Es konzentriert sich darauf, mit seiner Mutter zusammen zu sein, und drückt dies einfach durch diese Worte aus. Die Benutzung von Mantras in einigen östlichen Religionen dient oft dem gleichen Zweck.

Maria, die Mutter Jesu

Beten Katholiken Maria an?

Die Verehrung Mariens durch die Katholiken wird oft missverstanden. **Katholiken beten Maria nicht an.** Anbetung gebührt allein Gott. Katholiken ehren und lieben jedoch Maria als die Mutter Jesu und somit als Gottesmutter. Alle Auszeichnungen, die der Mensch Maria empfing, sind Gnade Gottes, die sie nicht überwältigte und bezwang, sondern ihre freie Antwort auf Gottes Ruf voraussetzte: „Siehe, ich bin die Magd des Herrn, mir geschehe, wie du es gesagt hast" (Lk 1,38), antwortete sie dem Engel Gottes. Dieses liebende, hochherzige und gläubige Ja hält Maria in allen Anfechtungen und Schwierigkeiten bis unter das Kreuz ihres Sohnes Jesus aufrecht. Daher verehren sie Katholiken als Mutter des Glaubens, als menschliche Gehilfin Jesu bei seiner Erlösung der Menschheit und als ihre geistige Mutter. Sie lieben Maria und beten zu ihr, beten sie aber nicht an.

Die Heiligen

Warum überhaupt zu den Heiligen beten?

Ein Christ ohne Gemeinschaft ist ein Widerspruch in sich. Christen sind vor allem eine gläubige Familie. Sie werden Mitglieder dieser Familie bei ihrer Taufe – und das ist auch die eigentliche Bedeutung des Wortes „Heiliger“. Es heißt einfach „getauft“. Später bezeichnete das Wort besonders vorbildliche Christen, die nach ihrem Tod verehrt wurden und unvergessen blieben. In der frühesten Zeit vor allem die Martyrer.

Wenn Katholiken von der „Gemeinschaft der Heiligen“ sprechen, so benutzen sie das Wort in seiner ursprünglichen Bedeutung – sie meinen alle Getauften – die, die am Leben sind, und die, die von dieser Welt gegangen sind und nun mit Christus leben. Der Tod zerstört unsere Einheit mit den Christen, die vor uns gestorben sind, nicht. Wir bleiben Mitglieder einer Familie, weil wir alle das Leben Christi teilen. Deshalb können Christen die Heiligen im Himmel bitten, für sie zu beten, für sie Fürsprache einzulegen.

Anbetung

Warum beten die Christen zu Statuen, Kreuzen und Heiligenbildern? Ist dies nicht eine Art Vergötzung?

Katholiken benutzen Statuen, Kreuze und Heiligenbilder als Erinnerungszeichen dafür, was Jesus Christus für uns getan hat, oder um den Geist eines Heiligen, dessen Leben ein Vorbild ist, in die Kirche zu bringen. Sie beten nicht zu Statuen oder Bildern und sie beten sie nicht an.

So wie Menschen Bilder und Erinnerungen von geliebten Menschen aufheben, so haben Katholiken gerne Objekte um sich, die sie an Jesus, Maria oder an Heilige erinnern. Wir sind Menschen aus Fleisch und Blut und keine körperlosen Seelen; so kann ein physischer Gegenstand uns sehr gut an unsere seelische Seite erinnern. Man kann den Gebrauch von Statuen und Bildern natürlich auch übertreiben, und vereinzelt grenzt das schon fast an Aberglaube. Aber solche Fälle werden von der Kirche nicht gern gesehen, und sie geben auch nicht die Einstellung der meisten Christen zum Gebrauch solcher Hilfen wieder.

Gebete und Gesten, die Generationen vor uns geprägt haben, ja die zum Teil noch auf Jesus Christus selbst zurückgehen, helfen den Katholiken, „den richtigen Ton zu treffen“ Gott gegenüber. Nicht, dass er beleidigt wäre, wenn einer stammelnd mit eigenen Worten spricht, aber diese Sätze und Zeichen geben dem Menschen Sicherheit und Vertrauen, dass das ausgedrückt wird, was im Herzen des Einzelnen ist.

„Im Namen des Vaters
und des Sohnes
und des Heiligen Geistes.
Amen.“

Das Kreuzzeichen

Sich bekreuzigen, ist das nicht Aberglauben?

Dieses Zeichen und Gebet vereint die beiden grundlegenden christlichen Glaubensaussagen vom Erlösertod Jesu Christi am Kreuz und die Lehre vom dreifaltigen Gott, einem Gott in drei Personen.
Die rechte Hand berührt beim Wort „Vater“ die Stirn, beim Wort „Sohn“ den Unterbauch und bei den Worten „Heiliger Geist“ zuerst die linke, dann die rechte Schulter. In der orthodoxen Tradition wird zuerst die rechte und dann die linke Schulter berührt. – Kreuzzeichen, das als magisches Zeichen über etwas geschlagen wird, ist allerdings Aberglaube.

„Ehre sei dem Vater und dem Sohn
und dem Heiligen Geist.
Wie im Anfang, so auch jetzt
und allezeit und in Ewigkeit.
Amen."

Das „Ehre sei dem Vater"

Ich halte das Wort Ehre für ein problematisches Wort, warum halten Christen daran fest?

Mit dieser Formel schließen fast alle Gebete der katholischen Kirche ab. Sie drückt aus, dass alles aus der Liebe des dreifaltigen Gottes kommt und zu ihm zurückkehren soll jetzt und für alle Zeit. Das Lob Gottes ist der wichtigste Lebens- und Glaubensvollzug des Christen. Meist wird dieses Lob durch eine leichte, in manchen Traditionen bis zum Boden reichende Verneigung begleitet, wobei man sich beim Sprechen des ersten Teils verneigt und beim zweiten Teil wieder aufrichtet. Mit einem falschen und oft geheuchelten bürgerlichen Ehrbegriff hat das nichts zu tun, schon gar nicht mit dem rechter politischer Gruppen.

„Vater unser im Himmel,
geheiligt werden dein Name.
Dein Reiche komme.
Dein Wille geschehe,
wie im Himmel so auf Erden.
Unser tägliches Brot gib uns heute.
Und vergib uns unsere Schuld,
wie auch wir vergeben unseren Schuldigern.

Und führe uns nicht in Versuchung,
sondern erlöse uns von dem Bösen.
Amen."

Das „Vater unser"

Pater Noster – soviel Latein kann ich noch. Warum hat man eigentlich den Aufzug in manchen Gebäuden so genannt?

Als die Jünger Jesus bitten, sie das Beten zu lehren, spricht Jesus diese Worte, vgl. Lk 11,2ff., Mt 6,9ff. Das Gebet enthält nach frühestem Verständnis ein christliches Lebensprogramm und ist eine Kurzformel des Glaubens. Es soll dreimal täglich gebetet werden und hat auch seinen Platz in jeder gottesdienstlichen Feier und heiligen Messe. Es sollte getragen und „mit Verstand" gesprochen werden. Der als Endlosschleife laufende Fahrstuhl ist wohl auch wie ein immerwährendes Gebet oder – sollte er mal steckenbleiben – animiert zum Beten um Hilfe.

„Ich glaube an Gott, den Vater,
den Allmächtigen,
den Schöpfer des Himmels und der Erde,
und an Jesus Christus
seinen eingeborenen Sohn, unsern Herrn.
Empfangen durch den Heiligen Geist,
geboren von der Jungfrau Maria,
gelitten unter Pontius Pilatus,
gekreuzigt, gestorben und begraben,
hinabgestiegen in das Reich des Todes,

am dritten Tage auferstanden von den Toten,
aufgefahren in den Himmel;
er sitzt zur Rechten Gottes,
des allmächtigen Vaters;
von dort wird er kommen,
zu richten die Lebenden und die Toten.
Ich glaube an den Heiligen Geist,
die heilige katholische Kirche,
Gemeinschaft der Heiligen,
Vergebung der Sünden,
Auferstehung der Toten
und das ewige Leben. Amen."

Das Glaubensbekenntnis

Was hier formuliert wird, muss ein Katholik wohl wortwörtlich nehmen?

Dieses sogenannte „Apostolische Glaubensbekenntnis" ist die kürzere Form eines „Großen Glaubensbekenntnisses". Nach Jahrzehnten der Glaubensstreitigkeiten und -unsicherheiten war es notwendig, die Grundaussagen des Glaubens „auf den Punkt zu bringen", das war im 4. Jahrhundert. Gesprochen wird dieses Gebet im Sonn- und Feiertagsgottesdienst gleich nach der Predigt, immer im Stehen. – Mit dem wortwörtlich ist das so eine Sache. Besser ist, man versteht, was man da ausspricht, und dazu ist manchmal ein ganzes Leben vonnöten.

„Ehre sei Gott in der Höhe
und Friede auf Erden den Menschen seiner Gnade.

Wir loben dich, wir preisen dich,
wir beten dich an,
wir rühmen dich und danken dir,
denn groß ist deine Herrlichkeit:
Herr und Gott, König des Himmels,
Gott und Vater, Herrscher über das All,
Herr, eingeborener Sohn, Jesus Christus.
Herr und Gott, Lamm Gottes, Sohn des Vaters,
du nimmst hinweg die Sünden der Welt,
erbarme dich unser,
du nimmst hinweg die Sünden der Welt,
nimm an unser Gebet;
du sitzest zur Rechten des Vaters:
erbarme dich unser.
Denn du allein bist der Heilige,
du allein der Herr,
du allein der Höchste:
Jesus Christus,
mit dem Heiligen Geist, zur Ehre Gottes des Vaters.
Amen."

Das „Ehre sei Gott in der Höhe"
Wie ist das mit dem Oben und Unten, oben Himmel, unten Hölle?

Der Text erinnert an die Lobpreisungen der Engel, die den Hirten auf den Feldern vor Betlehem die Geburt des Heilands verkünden, vgl. Lk 2,14. Als Hymnus wird er an den Sonntagen und anderen speziellen Festen im Gottesdienst gesungen oder gesprochen. Dabei steht die Gemeinde auf. – Oben und unten, Himmel und Unterwelt sind Bilder, die der Natur und Vorstellungskraft des Menschen entsprechen, keine Ortsangaben.

„Gegrüßest seist du, Maria, voll der Gnade,
der Herr ist mit dir.
Du bist gebenedeit unter den Frauen,
und gebenedeit ist die Frucht deines Leibes, Jesus.
Heilige Maria, Mutter Gottes,
bitte für uns Sünder,
jetzt und in der Stunde unseres Todes. Amen."

Das „Gegrüßet seist du, Maria"

Gehört Maria nur den Katholiken?

Maria wird als die Mutter Gottes verehrt, in ihrem Sohn Jesus ist sie jedoch auch Mutter jedes Christen, ja jedes Menschen, der sie als die Himmelskönigin anerkennt. Das Gebet geht zurück auf die Worte des Engels, welcher Maria die Geburt des Immanuel, die Geburt Jesu, ankündigt, Lk 1,28. Es bildet den Ausgangstext zum Rosenkranzgebet, s. dort. Auch die orthodoxen Christen haben eine tiefe Marienverehrung, doch anerkennen alle christlichen Kirchen und kirchlichen Gemeinschaften Maria als Gottesmutter.

„Ich bekenne Gott, dem Allmächtigen,
und allen Brüdern und Schwestern,
dass ich Gutes unterlassen und Böses getan habe.
Ich habe gesündigt in Gedanken,
Worten und Werken.
Durch meine Schuld,

durch meine Schuld,
durch meine große Schuld.
Darum bitte ich die selige Jungfrau Maria,
alle Engel und Heiligen,
und euch, Brüder und Schwestern,
für mich zu beten bei Gott, unserm Herrn."

Das Schuldbekenntnis

Ich fühle mich oft aber gar nicht schuldig, warum muss ich dann solch ein Gebet sprechen?

Diese Worte oder ein ähnlicher Text werden am Beginn der Eucharistiefeier gesprochen, worin die Gläubigen sich auf die Feier vorbereiten und als erstes ihre Schuld vor Gott und den Mitmenschen bekennen. Es ist ein Akt der Demut und eine Bitte um Vergebung. – Schuld ist keine Frage des Gefühls, es ist ein objektiver Tatbestand, dass wir immer etwas schuldig bleiben Gott und unserem Nächsten gegenüber.

„Der Engel brachte Maria die Botschaft.
Und sie empfing vom Heiligen Geist.
Gegrüßet seist du, Maria …
Maria sprach: Ich bin die Magd des Herrn.
Mir geschehe nach deinem Wort.
Gegrüßet seist du, Maria …
Und das Wort ist Fleisch geworden
und hat unter uns gewohnt.
Gegrüßet seist du, Maria …
Bitte für uns, heilige Gottesmutter, dass wir würdig werden der Verheißung Christi!

Lasset uns beten. Allmächtiger Gott, gieße deine Gnade in unsere Herzen ein. Durch die Botschaft des Engels haben wir die Menschwerdung Christi, deines Sohnes, erkannt. Führe uns durch sein Leiden und Kreuz zur Herrlickeit der Auferstehung. Darum bitten wir durch ihn, Christus unseren Herrn. Amen."

Der „Engel des Herrn"

Gibt es wirklich Engel?

Traditionell wird dieses Gebet beim sogenannten Angelus-Läuten (lat. „Engel"), dreimal täglich um 6 Uhr, 12 Uhr und 18 Uhr gebetet. Es erinnert an das Verkündigungsgeschehen, vgl. Lk 1. Die Arbeit wird unterbrochen, aufrecht – und die Männer barhäuptig – wird das Gebet laut und im Wechsel von jeweils erstem und zweiten Satz(teil) gesprochen, worauf immer ein „Gegrüßet seist du, Maria" folgt, s. dort. – Schon das Alte Testament bezeugt Engel als Boten Gottes. Sie sind reine Geistwesen, also nicht mit dem „der Geist ist willig, aber das Fleisch ist schwach" des Menschen belastet.

„Freu dich, du Himmelskönigin, Halleluja!
Den du zu tragen würdig warst, Halleluja,
er ist auferstanden, wie er gesagt hat, Halleluja.
Bitt Gott für uns, Halleluja.
Freu dich und frohlocke, Jungfrau Maria, Halleluja,
denn der Herr ist wahrhaft auferstanden, Halleluja.
Lasset uns beten. – Allmächtiger Gott, durch die Auferstehung deines Sohnes, unseres Herrn Jesus Christus, hast du die Welt mit Jubel erfüllt. Lass uns durch

seine jungfräuliche Mutter Maria zur unvergänglichen Osterfreude gelangen. Darum bitten wir dich durch Christus, unsern Herrn. Amen.

Sei gegrüßt, o Königin

Wieder Maria als Königin, kann sie wirklich helfen?

Es handelt sich hier um ein traditionelles Mariengebet, das auch den Rosenkranz abschließt. – Bei einer Hochzeitsfeier im Ort Kana bittet Maria ihren Sohn Jesus, etwas für die Brautleute zu tun, die in Verlegenheit sind, weil der Wein ausgegangen war. Jesus wirkt daraufhin sein erstes Wunder. Viele Christen haben diese Gebetserhörung durch die Jahrhunderte erfahren.

Der Rosenkranz

Ich nehme an, dass er mit einem Kranz aus Rosenblüten nichts zu tun hat?

Der Rosenkranz ist ein Gebet, das sich an die Muttergottes richtet, im Zentrum aller Anrufungen aber steht Jesus Christus, den der Welt zu schenken Maria berufen wurde. – Auf einer Perlenschnur sind (meist) fünfmal zehn Perlen aufgereiht (jede bedeutet ein "Gegrüßet seist du, Maria“, dazwischen mit größerem Abstand eine Perle für das „Vater unser“ bzw. „Ehre sei dem Vater“. An der zum Kranz geschlossenen Perlenschnur hängt meist ein Kreuz, das über drei weitere Perlen mit dem Kranz verbunden ist. Diese sind ebenfalls mit Gebeten verknüpft.

„Im Namen des Vaters und des Sohnes und des Heiligen Geistes. Amen.
Ich glaube an Gott …
Ehre sei dem Vater …
Vater unser …
Gegrüßet seist du, Maria …
(nach jedem „… Jesus, …" wird ein Geheimnis eingefügt)
… Jesus, der in uns den Glauben vermehre.
… Jesus, der in uns die Hoffnung stärke.
… Jesus, der in uns die Liebe entzünde.
Ehre sei dem Vater …

Ein Rosenkranz besteht aus fünf „Gesätzen". Jedes Gesätz umfasst 10 „Gegrüßet seist du, Maria", in die ein bestimmtes Geheimnis aus dem Leben Jesu eingefügt wird. Das Gesätz beginnt mit einem „Vater unser" und endet mit dem „Ehre sei dem Vater". Danach folgt das Fatima-Gebet („O mein Jesus, verzeih uns unsere Sünden, bewahre uns vor dem Feuer der Hölle, führe alle Seelen in den Himmel, besonders jene, die deiner Barmherzigkeit am meisten bedürfen.").
Ein Abschluss nach dem „Ehre sei dem Vater …" ist nicht allgemein festgelegt. Regional wird mit dem Kreuzzeichen geendet, oder es wird noch ein Gebet angefügt, bzw. „Maria mit dem Kinde lieb, uns allen deinen Segen gib" usw.

1. Die freudenreichen Geheimnisse

Jesus, den du, o Jungfrau, vom Heiligen Geist empfangen hast
Jesus, den du, o Jungfrau, zu Elisabet getragen hast
Jesus, den du, o Jungfrau, in Betlehem geboren hast
Jesus, den du, o Jungfrau, im Tempel aufgeopfert hast
Jesus, den du, o Jungfrau, im Tempel wieder gefunden hast

2. Die lichtreichen Geheimnisse

Jesus, der von Johannes getauft worden ist
Jesus, der sich bei der Hochzeit in Kana geoffenbart hat
Jesus, der uns das Reich Gottes verkündet hat
Jesus, der auf dem Berg verklärt worden ist
Jesus, der uns die Eucharistie geschenkt hat

3. Die schmerzhaften Geheimnisse

Jesus, der für uns Blut geschwitzt hat
Jesus, der für uns gegeißelt worden ist
Jesus, der für uns mit Dornen gekrönt worden ist
Jesus, der für uns das schwere Kreuz getragen hat
Jesus, der für uns gekreuzigt worden ist

4. Die glorreichen Geheimnisse

Jesus, der von den Toten auferstanden ist
Jesus, der in den Himmel aufgefahren ist
Jesus, der uns den Heiligen Geist gesandt hat
Jesus, der dich, o Jungfrau, in den Himmel aufgenommen hat
Jesus, der dich, o Jungfrau, im Himmel gekrönt hat.

„Heiliger Schutzengel mein,
lass mich dir empfohlen sein;
in allen Nöten steh mir bei
und halte mich von Sünden frei.
An diesem Tag (in dieser Nacht), ich bitte dich,
beschütze und bewahre mich. Amen."

Das Schutzengelgebet

Sind Schutzengel spezielle Engel, es gibt ja wohl auch noch Erzengel?

Die Kirche hält fest an der Überzeugung, dass jedem Menschen ein eigener Engel, ein Schutzengel, beigestellt ist, damit ihn sozusagen stets eine „himmlische" Atmosphäre umgibt und die Nähe Gottes spürbar bleibt. Wie weit die himmlische Hierarchie „ausgebaut" ist, bleibt am Ende schon ein wenig Spekulation, aber im Himmel ist „oben" und „unten" ohnehin relativ.

Orientierungshilfen

Was sind eigentlich so ganz wichtige Regeln, die ein Katholik „drauf" haben sollte?

Das sind zunächst die Zehn Gebote. Sie stammen noch aus dem Alten Testament und werden von Jesus bestätigt, aber durch sein Gebot „Liebt einander, so wie ich euch geliebt habe" noch überboten. Sie können aber als Grundlage einer allgemeinen Ethik verstanden werden.

Die Zehn Gebote

Ich bin der Herr, dein Gott.

1. *Du sollst keine anderen Götter neben mir haben.*
2. *Du sollst den Namen Gottes nicht verunehren.*
3. *Gedenke, dass du die Feiertage heiligst.*
4. *Ehre deinen Vater und deine Mutter.*
5. *Du sollst nicht töten.*
6. *Du sollst nicht ehebrechen.*
7. *Du sollst nicht stehlen.*
8. *Du sollst kein falsches Zeugnis geben gegen deinen Nächsten.*
9. *Du sollst nicht begehren deines Nächsten Frau.*
10. *Du sollst nicht begehren deines Nächsten Gut.*

Die folgenden Aufzählungen sind aus der langen Erfahrung der Kirche entsprungen und sollen aufmerken lassen, warnen und erinnernd mahnen.

Die sieben Gaben des Heiligen Geistes

1. *Weisheit*
2. *Einsicht*
3. *Rat*
4. *Stärke*
5. *Erkenntnis*
6. *Frömmigkeit*
7. *Gottesfurcht*

(„Das sittliche Leben der Christen wird unterstützt durch die Gaben dės Heiligen Geistes. Diese sind bleibende Anlagen, die den Menschen geneigt machen, dem Antrieb des Heiligen Geistes zu folgen." Katechismus der Katholischen Kirche 1830)

Die sieben Hauptsünden oder Laster

1. Stolz
2. Habsucht und Geiz
3. Neid
4. Zorn
5. Unkeuschheit
6. Unmäßigkeit
7. Trägheit oder Überdruss

Die sieben Werke der leiblichen und geistigen Barmherzigkeit

1. Die Hungrigen speisen
Zweifelnde beraten
2. Durstigen zu trinken geben
Unwissende belehren
3. Nackte bekleiden
Sünder zurechtweisen
4. Fremde beherbergen
Trauernde trösten
5. Kranke besuchen
Erlittenes Unrecht verzeihen
6. Gefangene besuchen
Lästige geduldig ertragen
7. Die Toten begraben
Für Lebende und Verstorbene zu Gott beten

Die folgenden Gebete haben ihren Platz u. a. im Breviergebet der katholischen Geistlichen und sind direkte Zitate aus der Heiligen Schrift:

Magnificat (Lk1,46–55)
Meine Seele preist die Größe des Herrn,
und mein Geist jubelt über Gott, meinen Retter.
Denn auf die Niedrigkeit seiner Magd hat er geschaut.
Siehe, von nun an preisen mich selig alle Geschlechter!
Denn der Mächtige hat Großes an mir getan,
und sein Name ist heilig.
Er erbarmt sich von Geschlecht zu Geschlecht
über alle, die ihn fürchten.
Er vollbringt mit seinem Arm machtvolle Taten:
er zertreut, die im Herzen voll Hochmut sind;
er stürzt die Mächtigen vom Thron
und erhöht die Niedrigen.
Die Hungernden beschenkt er mit seinen Gaben
und lässt die Reichen leer ausgehn.
Er nimmt sich seines Knechtes Israel an
und denkt an sein Erbarmen,
das er unsern Vätern verheißen hat,
Abraham und seinen Nachkommen auf ewig.

Benedictus (Lk 1,68–79)
Gepriesen sei der Herr, der Gott Israels!
Denn er hat sein Volk besucht und ihm Erlösung geschaffen;
er hat uns einen starken Retter erweckt im Hause seines Knechtes David.
So hat er verheißen von alters her
durch den Mund seiner heiligen Propheten.
Er hat uns errettet vor unsern Feinden

und aus der Hand aller, die uns hassen;
er hat das Erbarmen mit den Vätern an uns vollendet und an seinen heiligen Bund gedacht,
an den Eid, den er unserm Vater Abraham geschworen hat;
er hat uns geschenkt,
dass wir, aus Feindeshand befreit,
ihm furchtlos dienen in Heiligkeit und Gerechtigkeit vor seinem Angesicht all unsre Tage.
Und du, Kind, wirst Prophet des Höchsten heißen,
denn du wirst dem Herrn vorangehn
und ihm den Weg bereiten.
Du wirst sein Volk mit der Erfahrung des Heils beschenken in der Vergebung der Sünden.
Durch die barmherzige Liebe unseres Gottes wird uns besuchen das aufstrahlende Licht aus der Höhe,
um allen zu leuchten,
die in Finsternis sitzen und im Schatten des Todes,
und unsre Schritte zu lenken
auf den Weg des Friedens.

Nunc dimittis (Lk 2,29–32)
Nun lässt du, Herr, deinen Knecht,
wie du gesagt hast, in Frieden scheiden.
Denn meine Augen haben das Heil gesehen,
das du vor allen Völkern bereitet hast,
ein Licht, das die Heiden erleuchtet,
und Herrlichkeit für dein Volk Israel.

Ablass
In der frühen Kirche mussten Sünder für schwere Sünden verschieden lange öffentliche Bußen auf sich nehmen, bevor sie die Lossprechung erhielten und wieder in die Gemeinschaft der Kirche aufgenommen wurden. Wenn ein Mitchrist, der in der Zeit der Verfolgung um des Glaubens willen gelitten hatte, Fürbitte für einen Sünder einlegte, konnte diesem die Buße erlassen oder verringert werden. Solchen Nachlass öffentlicher Bußwerke – also nicht den Nachlass der Sünden! – nannte man später Ablass. Diese Praxis wurde unter Berufung auf die Verdienste Jesu Christi und der Heiligen verallgemeinert. Es wurde zu einer frommen Übung, für die eigenen Sünden allgemein und für die Armen Seelen im Fegefeuer (um die Zeit ihrer Läuterung abzukürzen) Ablässe zu gewinnen. Im Mittelalter kam es zu schlimmen Entartungen des Ablasswesens. Man übersah, dass der Ablass nur die Strafe für bereute und vergebene Sünden betrifft, nicht die Vergebung der Sünden an sich. Dazu kam die Verbindung mit Geldzahlungen als Bußwerk. Das war einer der äußeren Anlässe für die Reformation.

Advent
(lat. Ankunft) Vierwöchige Vorbereitungszeit auf Weihnachten. Sie erinnert an das Warten auf den Messias und auf die Wiederkunft Christi am Jüngsten Tag. Mit vielen Bräuchen und reichem Liedgut verbunden.

Allerheiligen
Ein österliches Fest; seit dem 9. Jh. in der Westkirche am 1. Nov. begangen. Gedacht wird aller – bekannter und unbekannter – Heiligen, d. h. aller, die ihre Vollendung bei Gott gefunden haben.

Allerheiligstes
Eine Bezeichnung für die konsekrierte Hostie, das eucharistische Sakrament.

Allerseelen
Liturgisch (hl. Messe und Gebet) und in volkstümlichen Bräuchen (Grabbesuch, Grabschmuck, Kerze am Grab, Gräbersegnung) begangener Gedenktag für die Verstorbenen, bekannte und unbekannte, am 2. Nov.

Altes Testament
(AT) Die 46 Bücher der Bibel, welche das Christentum von dem Judentum übernommen hat, Entstehungszeit 1. Jahrtausend vor Chr. Das AT umfasst 3 Teile: Pentateuch (5 Bücher Mose), Propheten (4 große, 12 kleine), Schriften (Geschichte des Volkes, Bücher der Lebensweisheiten, Psalmen).

Angelus
(lat. Engel) Aufruf zum Gebet durch das Läuten der Kirchenglocken um 6, 12 und 18 Uhr. Das Gebet beginnt: »Der Engel des Herrn brachte Maria die Botschaft ...«, latein.: »Angelus Domini ...«

Apostolat
Ursprünglich der Auftrag Christi an die Apostel, seine Botschaft zu verkünden, heute das Wirken des Klerus in diesem Sinn und besonders kirchlich beauftragter Laien sowie das Laienapostolat aller Christen, zu dem sie durch Taufe und Firmung berufen sind. Das A. wird ausgeübt durch Beispiel, Belehrung, Werke der Liebe, Gebet und Opfer.

Aschermittwoch
Erster Tag der 40-tägigen Fastenzeit. Die Katholiken lassen sich im Gottesdienst als Zeichen der Reue mit Asche ein Kreuz auf die Stirn zeichnen. Der A. ist Fast- und Abstinenztag.

Auferstehung des Leibes
Als Folge der Auferstehung Jesu erwarten die Christen am Ende

der Zeiten die Auferstehung der Erlösten mit Leib und Seele, um auf immer bei Gott zu leben.

Aufnahme Mariens in den Himmel
Als erste der Erlösten wurde die Gottesmutter Maria in den Raum Gottes aufgenommen. Das wird am 15. August gefeiert.

Berufung
Der Ruf durch Gott zu einem Leben der Liebe, des Dienstes und der Heiligkeit an alle Christen, in einem speziellen Sinn die B. zum Priesteramt oder einem Leben in einem religiösen Orden.

Bibel
(von griech. biblos = beschriebenes Blatt, Buchrolle) Es ist die Sammlung aller in den Kanon des AT und NT aufgenommenen Schriften, in denen die fortschreitende Geschichte Gottes mit den Menschen aufgeschrieben wurde.

Bußsakrament
Sakrament der Kirche, in dem durch den Spruch des Priesters (Absolution) auf Grund der Vollmacht Jesu Christi dem bereuenden Sünder die Schuld der nach der Taufe begangenen Sünden erlassen wird.

Chrisam
Das Gemisch aus Olivenöl und Balsam wird am Gründonnerstag in der sog. Chrisammesse vom Bischof geweiht. Es wird u. a. bei der Taufe und der Firmung verwendet.

Dekanat
(von griech. deka = zehn) Zusammenschluss mehrerer (eigentlich zehn) Pfarreien eines Bistums (Diözese) unter Leitung des von den Pfarrern gewählten Dekans.

Diözese oder Bistum
Die einem Bischof unterstellte Ortskirche, zumeist nach dem Bischofssitz benannt. Die kath. Kirche in Deutschland besteht aus 27 Diözesen.

Dispens
Befreiung von der Verpflichtung eines Kirchengesetzes aus einem bestimmten Grund für einen bestimmten Fall durch den kirchlichen Gesetzgeber oder den von ihm dazu Bevollmächtigten.

Dogma
(griech. = Verordnung, Satzung) Ein für die Kirche verpflichtender Glaubenssatz über eine durch die Bibel oder die Tradition von Gott geoffenbarte Wahrheit in der vom Papst oder einem allgemeinen Konzil verkündeten Form.

Ehehindernis
Eine Eigenschaft, die einem oder beiden Partnern anhaftet, die keine gültige Ehe zustandekommen lässt. E. göttlichen Rechts, bestehendes Eheband, Blutsverwandtschaft in gerader Linie, bestehen grundsätzlich. Von E. kirchlichen Rechts kann u. U. dispensiert werden, z. B. Schwägerschaft, Diakonats- oder Priesterweihe, Bekenntnisverschiedenheit.

Engel
(lat. = Bote) Er trägt die Botschaft Gottes zu den Menschen. Im NT auch literarisches Stilmittel: wo Gottes Eingreifen in die Geschichte gedeutet werden soll, tritt ein Engel auf.

Enzyklika
(griech. = Rundschreiben) Brief des Papstes, zumeist zu Themen des Glaubens oder des sittlichen Lebens. E.n sind Ausdruck seiner »ordentlichen« Lehrgewalt, jedoch keine unfehlbaren Lehrentscheidungen. Sie werden nach ihren Anfangsworten benannt.

Epiphanie
(griech. = Offenbarwerdung, Erscheinung) Fest der drei Sterndeuter (drei Weisen, drei Könige) aus dem Osten, die nach Mt 2,1–12 das Jesuskind verehren, gefeiert am 6. Januar.

Eucharistie
(griech. = Danksagung) Bezeichnung des sonntäglichen Gottesdienstes. Im Gedächtnis an das Letzte Abendmahl Jesu wird sein Tod und seine Auferstehung gegenwärtig gesetzt, auch hl. Messe.

Evangelium
(griech. = gute Botschaft) Die »frohe Botschaft« von Jesus Christus, aufgezeichnet von den Evangelisten Matthäus, Markus, Lukas und Johannes.

Ewiges Licht
Kleines Öllicht oder Lampe in der Nähe des Tabernakels, die als Hinweis auf Jesu Gegenwart dauernd leuchtet.

Exkommunikation
Ausschluss aus der kirchlichen Gemeinschaft auf Grund eines schweren Vergehens gegen die Lehre oder das Gesetz der Kirche. Die E. schließt aus: Teilnahme am Gottesdienst, Empfang eines Sakramentes, kirchliches Begräbnis.

Fastenzeit
Die F. oder österliche Bußzeit dauert von Aschermittwoch bis Ostern, also 40 Tage, wobei die Sonntage ausgenommen bleiben. Sie ist eine Zeit der Vorbereitung auf Ostern durch Buße und Selbstbeherrschung.

Fegefeuer
(von mittelhochdeutsch vegen = reinigen) Zustand bzw. Ort, an dem der Verstorbene, die »arme Seele«, vor der Erlangung der

Schau Gottes von lässlichen Sünden geläutert wird. Er hat zwar die innerste Grundentscheidung für Gott gefällt, diese hat aber oft noch nicht alle Schichten seines Wesens erreicht. Es gibt noch unintegrierte Bereiche. Die Hineinnahme des ganzen Seins des Menschen in die Entscheidung für Gott muss Widerstände überwinden, die als Folge eigener Sünden aufgebaut worden sind. Die Läuterung ist also beschwerlich und wird als leidvoll erfahren. Wie lange ein solcher Läuterungsprozess dauert oder ob der Verstorbene in der Sehnsucht nach Gott diesen Integrationsprozess in einem Nu erlebt, wissen wir nicht. Es ist aber auch nicht entscheidend, dies zu wissen.

Fürbitten
Gebete, die in der hl. Messe nach dem Glaubensbekenntnis für die Anliegen der Kirche und der Welt oder für Einzelne gesprochen werden. Auch als »Gebet der Gläubigen« bezeichnet.

Gegrüßet seist du, Maria
Das verbreitetste Gebet an Maria. Es enthält den Gruß des Engels an Maria (Lk 1,28), den Gruß Elisabets beim Besuch Mariens (Lk 1,42) und eine angehängte Bitte, für uns zu beten: Gegrüßet seist du, Maria, voll der Gnade. Der Herr ist mit dir. Du bist gebenedeit unter den Frauen und gebenedeit ist die Frucht deines Leibes, Jesus. Heilige Maria, Mutter Gottes, bitte für uns Sünder, jetzt und in der Stunde unseres Todes. Amen.

Gelübde
Das Versprechen der Ordensleute – Gott und dem Orden gegenüber –, ihr Leben in Armut, Ehelosigkeit und Gehorsam (gegen Gott und die Ordensoberen) zu führen. Man unterscheidet zeitliche G. (für eine bestimmte im voraus festgelegte Zeit geltend) und die auf Lebenszeit geltenden ewigen G.

Gemeinderat oder Pfarrgemeinderat
Die von der Gemeinde gewählten Vertreter, die sich, zusammen mit dem Pfarrer, um die Belange der Gemeinde kümmern.

Glaubensbekenntnis
Formelhafte Zusammenstellung der wichtigsten Glaubensinhalte des christlichen Glaubens. Es ist zuerst Lobpreis Gottes und Dank für seine Taten, danach ein »Inhaltskatalog«. Es ist entstanden in der Taufliturgie, bei der der Täufer den Glauben des Täuflings erfragt. Die Formulierung des Glaubensbekenntnisses der hl. Messe, des Credo, geht auf die Konzilien von Nicäa (325) und Konstantinopel (381) zurück.

Häresie
(von griech. haireomai = auswählen, vorziehen) Von der Lehre der Kirche abweichende Glaubenslehre oder Irrlehre. Sie leugnet ein oder mehrere Dogmen.

Heiligsprechung
Feierliche und endgültige Erklärung des Papstes über die Heiligkeit eines Verstorbenen oder seinen Martyrertod sowie über seine Verklärung bei Gott. Der Heilige wird in das Verzeichnis der Heiligen (lat. canon) eingeschrieben, daher auch Kanonisation. Er darf damit in der ganzen Kirche öffentlich geehrt werden. Der H. geht ein sorgfältiger kirchlicher Untersuchungsprozess über mehrere Instanzen voraus. Eine Vorstufe der H. ist die Seligsprechung.

Hierarchie
(von griech. hierá archä = heilige Ordnung, heilige Herrschaft) Die priesterliche Rangordnung in der kath. Kirche: Diakon, Priester, Bischof, Papst.

Himmelfahrt

H. ist kein Begriff der Raumfahrt, sondern des Glaubens. H. bedeutet, dass Jesus als erster Mensch in der endgültigen Gemeinschaft mit Gott lebt. Die Bibel schildert diese Aufnahme zum Vater als Aufnahme in eine Wolke (Apg 1,9). Im Kirchenjahr wird das Fest Christi Himmelfahrt am 40. Tag nach Ostern gefeiert.

Hirtenbrief

Brief des Bischofs an die Gemeinden seines Bistums. Ein H. wird meist in der hl. Messe (anstelle der Predigt) verlesen.

Hölle

Das biblische Wort für den Ort der ewigen Verdammnis (auch Scheol oder Gehenna) greift die Vorstellung einer Unterwelt auf, wie sie dem altorientalischen Weltbild entspricht. Gott will die Hölle nicht. Der Mensch bereitet sie sich selbst, wenn er bewusst und ausdrücklich ablehnt, was Gott ihm schenken will. Die Vorstellung des »Feuers« in den Evangelien ist der menschliche Versuch, die erschreckende Wirklichkeit, ohne Gott zu leben, zu illustrieren.

Homilie

(von griech. homilein = vertraulich reden) Die Auslegung einer Schriftlesung in der hl. Messe. Die H. ist die von der Kirche gewünschte Form der sonntäglichen Ansprache (Predigt) im Gottesdienst.

Hostie

(lat. hostia = Opfergabe) Als kleine Scheibe gebackenes Weizenbrot (Oblate), die bei der Feier der Eucharistie in den Leib Christi konsekriert (verwandelt) wird und welche die Gläubigen in der hl. Kommunion empfangen.

IHS
Christusmonogramm aus den ersten drei Buchstaben des Namens Jesus. H = griechisches Zeichen für den Buchstaben E.

Inkarnation
(abgeleitet von lat. caro = Fleisch) Theologischer Begriff für die Geburt Jesu, der aus der Jungfrau Maria geboren wird. Der Sohn Gottes geht ein in die Hinfälligkeit und Schwachheit eines menschlichen Lebens.

INRI
Lateinische Inschrift, die Pilatus an das Kreuz Jesu nageln ließ: Jesus Nazarenus Rex Judaeorum (Jesus von Nazaret, König der Juden; Joh 19,19–22).

Jesus
Griechische Umschreibung des hebr. jeschua = Jahwe ist Hilfe.

Jungfrauengeburt
Jesu Geburt aus einer Jungfrau wird als ein von Gott gewirktes Wunder dargestellt: Maria, die leibliche Mutter, und Gott, der himmlische Vater. So wollen die Evangelisten in der Kindheitsgeschichte von Anfang an Jesu Existenz als wahrer Mensch und wahrer Gott ausweisen. Naturwissenschaftliche Aussagen über eine Jungfrauengeburt wollten sie nicht machen.

Jüngstes Gericht
Auch allgemeines oder letztes Gericht. Christus wird bei seiner Wiederkunft am Jüngsten Tag die Welt richten und danach Gottes Herrschaft endgültig aufrichten.

Karwoche
(von althochdeutsch kara = Sorge, Kummer) Die letzte Woche der Fastenzeit, von Palmsonntag bis Karsamstag.

Katechet(in)
Ein von der Kirche bestellter und entsprechend ausgebildeter Laie, seine Aufgaben sind die religiöse Unterweisung von Kindern und Jugendlichen, die Einführung in die Sakramente sowie Elternabende. Dies nicht als bloße Wissensvermittlung, sondern in Verbindung mit dem Leben mit der Kirche.

Katechismus
Buch der kirchlichen Glaubensunterweisung, früher in Frage-Antwort-Form, heute in zusammenhängender Darstellung des Lehrgutes. Seine Hauptteile sind: die Gotteslehre, die Lehre über Christus, die Lehre von der Kirche und den Sakramenten, die Lehre vom christlichen Leben und seiner Vollendung.

Kirchenjahr
Es beginnt – entgegen dem bürgerlichen Jahr – mit dem 1. Adventssonntag und endet mit dem Christkönigsfest. In ihm werden die Heilsgeheimnisse gefeiert: Die 4 Wochen der Adventszeit sollen auf das Kommen des Herrn – zu Weihnachten und zum Jüngsten Gericht – vorbereiten. Die Geburt des Herrn, Weihnachten (25. 12.), wird bis zum Fest Epiphanie (6. 1.) gefeiert. Das höchste Fest des K. ist Ostern. Es wird vorbereitet durch die 40 Tage der österlichen Bußzeit (Fastenzeit), beginnend am Aschermittwoch (die Sonntage sind ausgenommen). Das Osterfest dauert 8 Tage (Oktav), die Osterfestzeit bis Pfingsten. Die Sonntage zwischen Epiphanie und Fastenzeit sowie zwischen Pfingsten und dem Christkönigsfest werden als »Sonntage im Jahreskreis« gezählt. Innerhalb des K. werden die anderen Christusfeste sowie die Gedenk- und Feiertage der Heiligen gefeiert.

Klausur
(von lat. claudo = abschließen) Die Abgrenzung der internen Klosterräume gegen den freien Verkehr mit der Außenwelt. Davon abgeleitet ist das Wort »Kloster«.

Klerus
(griech. = Los, Anteil) Sammelbegriff für alle sakramental Geweihten: Diakone, Priester, Bischöfe.

Kniebeuge
Bei Katholiken Zeichen der Verehrung und der Anbetung Jesu Christi sowie Ausdruck ihres Glaubens an die Gegenwart Christi in der Gestalt des eucharistischen Brotes.

Kommunion
(von lat. communio = Vereinigung) Empfang der hl. Eucharistie, auch andere Bezeichnung für diese selbst. K. unter beiden Gestalten: Austeilung der hl. Kommunion in Form von Brot und Wein.

Konsekration
(von lat. consecratio = Heiligung) Die Wandlung der zum Altar gebrachten Gaben Brot und Wein in der Eucharistiefeier zum Leib und Blut Christi. Auch die vom Bischof vorgenommene Weihe einer Kirche oder eines Kelches, bei der er das geweihte Chrisamöl benutzt. Eine solche K. bedeutet die Aussonderung aus dem profanen Gebrauch.

Kreuzweg
Seit dem Mittelalter an Wegen und in Kirchen. In 14 Bildern (Stationen) wird das Leiden Jesu von der Gefangennahme bis zur Grablegung dargestellt. Mitunter wird als 15. Station die Auferstehung angefügt.

Kreuzzeichen
Segensgestus, bei dem der Christ das Zeichen des Kreuzes über sich selbst, über andere Menschen oder über Dinge, die ihm wichtig sind, macht. Dabei wird mit der rechten Hand zuerst der Längsbalken von der Stirn zur Brust nachgezeichnet, dann der

Querbalken von der linken Schulter zur rechten. Dazu wird gesprochen: »Im Namen des Vaters und des Sohnes und des Heiligen Geistes. Amen.«

Kruzifix
Ein Kreuz mit der Figur des gekreuzigten Jesus.

Kyrie eleison
(griech. = Herr, erbarme dich) Ein alter Anruf Jesu, der in viele Sprachen unübersetzt übernommen wurde. Auch in manchem Kirchenlied.

Laie
(von griech. laos = Volk) Mitglied der Kirche, das nicht dem Klerus oder einem Orden angehört.

Laienapostolat
(von griech. apostolos = mit einer Sendung Beauftragter) Durch Taufe und Firmung ist jeder Christ mitverantwortlich für die Kirche und ihre Sendung in die Welt. Daher stehen ihm auch Beratung und Mitsprache bei dieser Aufgabe zu. Bes. Bereiche des L. sind: Zeugnis für den Glauben und Glaubensverkündigung, Mitarbeit in der Pfarrgemeinde, Aufgaben im Gottesdienst, caritative Tätigkeiten.

Lässliche Sünde
Eine Sünde, die nicht so ernst ist, dass sie von Gott trennt, auch Wundsünde genannt. Ihre Vergebung geschieht durch die Bitte um Verzeihung an den Geschädigten oder Beleidigten, durch die Mitfeier der hl. Messe, die mit einem Bußakt beginnt, durch Lesen der Hl. Schrift und gute Werke (Fasten, Almosen) sowie durch die Neuausrichtung auf Gott in der Gewissenserforschung. Sie wird aber auch im Bußsakrament bekannt und nachgelassen.

Lektor
Er trägt im Gottesdienst die Lesungen, jedoch nicht das Evangelium vor.

Letztes Abendmahl
Das Mahl, das Jesus mit seinen Jüngern in der Nacht vor seinem Leiden hielt. Dabei setzte er die Eucharistie ein.

Litanei
(von griech. lité = Bitte, Flehen) Ein Bittgebet, bei dem die Gemeinde mit einem immer gleichlautenden Bittruf (z. B. Erbarme dich unser) auf den Ruf eines Vorbeters antwortet.

Maiandacht
Andacht im Monat Mai, die bes. der Verehrung der Gottesmutter Maria gewidmet ist.

Märtyer
(von griech. martys = Zeuge) Ein Christ, der wegen seines Tat- und Wortzeugnisses sein Leben verlor.

Mischehe
Die Ehe zwischen einem Christen und einem Ungetauften (religionsverschiedene Ehe) und die Ehe zwischen Christen verschiedener Konfessionen (konfessionsverschiedene Ehe). Ohne Dispens ist nach kirchlichem Recht die religionsverschiedene Ehe ungültig, die konfessionsverschiedene Ehe unerlaubt. Voraussetzung für die Dispens ist das Versprechen des katholischen Partners, seinem Glauben treu zu bleiben, und die Bereitschaft, die Kinder aus dieser Ehe katholisch zu erziehen.

Neues Testament
(NT) Bezeichnung für die Sammlung frühchristlicher Schriften, die von der Kirche als Zeugnis des neuen, von Christus gestifte-

ten Bundes anerkannt sind, und damit ein Teil der Bibel. Das NT besteht aus 4 Evangelien, der Apostelgeschichte, 21 Briefen (von Paulus, Jakobus, Petrus, Johannes und Judas) und der Offenbarung des Johannes.

Offenbarung

Gott gibt sich den Menschen in der O. zu erkennen. Die größte O. Gottes ist Jesus Christus. Der Kirche ist aufgetragen, die O. zu bewahren, zu überliefern und auszulegen.

Ökumene

(von griech. oikomene = Weltkreis) Die Gesamtheit der christlichen Kirchen. Die Ökumenische Bewegung versucht, die im Laufe der Geschichte entstandenen Spaltungen der Christenheit in verschiedene Konfessionen zu überwinden. Erste Ergebnisse sind: gemeinsame Gottesdienste, Bibelwochen, diakonische Aktionen, ökumenische Trauungen, gegenseitige Information und Abstimmung in den Lebensfragen des Volkes.

Ostern

(von »Urständ« = Auferstehung oder »Osten« oder von der Frühlingsgöttin Ostara) Fest der Auferstehung Jesu Christi von den Toten, gefeiert am ersten Sonntag nach dem Frühlingsvollmond.

Palmsonntag

Mit dem P. beginnt die Karwoche. Er erinnert an den Einzug Jesu in Jerusalem vor seinem Leiden und die Begrüßung und Ehrung durch das Volk mit Palmzweigen. Die Eucharistiefeier beginnt mit einer Palmprozession (oder andere Zweige, z. B. Weidenkätzchen), nicht als historisierende Nachbildung, sondern als öffentliches Bekenntnis zur Nachfolge Christi.

Paradies

(von griech. paradeisos = Garten, Park) Im AT als Garten Eden

Bereich des Menschen vor dem Sündenfall und des endzeitlichen Heils. Ähnlich steht P. im NT für den zwischenzeitlichen Aufenthaltsort der verstorbenen Gerechten, auch umschrieben mit »in Christus sein«.

Pate
Bürge und Beistand für den Täufling und den Firmling. Er muss Katholik sein. Ein zweiter Pate kann einer anderen Konfession angehören.

Pax Christi
(lat. = Friede Christi) Bezeichnung für die katholische Friedensbewegung.

Pfingsten
(von griech. pentekoste = fünfzig) Am 50. Tag nach Ostern schließt der Osterfestkreis mit dem Pfingstfest ab. Die Kirche feiert an ihm das Kommen und Wirken des Heiligen Geistes (Apg 2,1–13).

Priester
(von griech. presbyteros = Ältester) Neben dem allgemeinen Priestertum aller Gläubigen gibt es in der Kirche das besondere Priestertum, den »geweihten« Priester. Dieser steht im Auftrag des Bischofs der Eucharistiefeier vor, verkündet das Wort Gottes in der Eucharistiefeier, spendet Sakramente und leitet die Gemeinde.

Priesterweihe
Vom Bischof gespendetes Sakrament, mit welchem das besondere Priesteramt übertragen wird. Die P. wird fast ausnahmslos einem unverheirateten Mann gespendet, der seinem Bischof Gehorsam gelobt und eine entsprechende geistliche und wissenschaftliche Ausbildung absolviert hat.

☧
zusammengesetzt aus PX. Dem Christusmonogramm liegen die beiden Anfangsbuchstaben des Namens Christus in griechischer Schrift zugrunde: X (= ch), P (= r), gesprochen Chi und Rho. Seit dem 2. Jh. ist der Fisch ein Geheimzeichen für Christus, abgeleitet von dem griechischen Wort ichthys = Fisch. Die einzelnen Buchstaben bedeuten: Iesous Christos, Theou Hios, Soter = Jesus Christus, Sohn Gottes, Erlöser.

Reformation
(von lat. reformatio = Neugestaltung). Die religiöse Umgestaltung im 16. Jh. führte zur Bildung der protestantischen Kirchen und zur Auflösung der kirchlichen Einheit. Die Anlässe waren: innerkirchliche Missstände, Veräußerlichungen im religiösen Leben und Brauchtum (Reliquien- und Ablasshandel), Verbindung von Kirche und Staat, Erstarrung der theologischen Studien. Innerkirchliche Reformversuche im 15. Jh. blieben in den Anfängen stecken. In Deutschland wurde die Reformation durch die Veröffentlichung der 95 Thesen Martin Luthers am 31. 10. 1517 in Wittenberg ausgelöst.

Reliquien
(von lat. reliquiae = Überbleibsel) Der Leib verstorbener Heiliger bzw. Teile von ihm sowie Gegenstände, die von Heiligen gebraucht oder berührt wurden. R. werden häufig in kostbaren Reliquiaren (Behältnisse für R.) aufbewahrt und zur Schau gestellt. Sie werden verehrt, niemals angebetet. Im Laufe der Kirchengeschichte gab es dabei ungute Auswüchse.

Requiem
(von lat. requies = Ruhe) Eucharistiefeier für Verstorbene, die mit den Worten beginnt: »Requiem aeternam ... = Ewige Ruhe schenke ihnen, o Herr.«

Synode
(griech. synodos = Zusammenkunft) Versammlung von Bischöfen, Priestern und Laien einer Diözese oder eines Landes, in der über Fragen des kirchlichen Lebens beraten und verbindliche Beschlüsse gefasst werden.

Tabernakel
(von lat. tabernaculum = Hütte, Zelt) Kostbarer, fester und abschließbarer Schrank zur Aufbewahrung des eucharistischen Brotes.

Teufel
(von griech. diabolos = Verwirrer) Biblischer Name für den Bösen, für das gegen Gott sich auflehnende Geschöpf, das das Böse verursacht, für den »Herrscher der Welt« (Joh 14,30), dessen Herrschaft durch Christus gebrochen, aber trotzdem noch wirksam ist. Mitunter auch Satan oder Luzifer genannt.

Theologie
(von griech theos = Gott und logos = Wort) Die Wissenschaft von Gott, im weitesten Sinne die Interpretation seiner Offenbarung. Die Offenbarung wird erklärt und gedanklich geordnet, in das vorhandene menschliche Wissen eingeordnet und in Beziehung gesetzt zur Philosophie der Zeit, zu Kultur und Wissenschaft. Sie wird auch auf die Folgerungen für das menschliche und christliche Leben hin bedacht. In der T. geschieht die kritische Begegnung gläubiger Menschen mit der Botschaft Gottes.

Todsünde oder schwere Sünde
Die freie und wissentliche Übertretung des göttlichen Gebotes bedeutet die Abkehr von Gott selbst. Sie bewirkt den Verlust der übernatürlichen Gnade. Stirbt der Sünder in diesem Zustand, d. h. ohne Reue, so hat er seine ewige Gottferne oder Verdammnis selbst bewirkt. Der reuige Sünder sollte baldmöglichst das Bußsakrament empfangen.

Tradition
(von lat. traditio = Weitergabe). Gemeint ist die Weitergabe der Botschaft des Glaubens im Leben, in der Liturgie und in der Lehre der Kirche. Weil die Bibel ohne die Gemeinschaft der Glaubenden nicht denkbar ist, betont die kath. Kirche die Zusammengehörigkeit von Schrift und Tradition.

Unbefleckte Empfängnis
Früherer Name des »Hochfestes der ohne Erbschuld empfangenen Jungfrau und Gottesmutter Maria« (8. Dez.). Maria war nach dem Glauben der Kirche vom ersten Augenblick ihres Lebens an (d. h. als sie von ihrer Mutter empfangen wurde) durch Gottes Gnade ohne den Makel (= Flecken) der Erbsünde.

Vater unser
Das gemeinsame Gebet der Christenheit, das Jesus seine Jünger selbst gelehrt hat, vgl. Mt 6,9–13; Lk 11,1–4. Die lateinische Fassung beginnt: Pater noster. Es lautet:
Vater unser im Himmel, geheiligt werde dein Name. Dein Reich komme. Dein Wille geschehe, wie im Himmel so auf Erden. Unser tägliches Brot gib uns heute. Und vergib uns unsere Schuld, wie auch wir vergeben unsern Schuldigern. Und führe uns nicht in Versuchung, sondern erlöse uns von dem Bösen. (Denn dein ist das Reich, und die Kraft und die Herrlichkeit in Ewigkeit.) Amen.

Vatikanstaat
Selbständiger Stadtstaat im Westen Roms (0,44 qkm) mit Petersdom, Vatikanpalast und Vatikanischen Gärten. Der Papst ist der Souverän dieses Staates.

Weihwasser
Vom Priester geweihtes Wasser. Es erinnert an das Taufwasser. Die Gläubigen besprengen sich damit oder werden besprengt,

machen ein Kreuzzeichen und erinnern sich dabei in ihre Taufe. Das W. wird auch zu Weihen und Segnungen verwendet.

Zehn Gebote oder Dekalog

(von griech. deka = zehn und logos = Wort) Im AT (Ex 20,1–17; Dtn 5,6–21) von Gott an Mose auf zwei Tafeln am Sinai übergebene Gebote als Bundessatzung für das Volk Israel. Die erste Tafel regelt das Verhältnis zu Gott (Götzendienst, Sabbat), die zweite enthält die Urordnung menschlicher Gemeinschaft, die auch bei anderen Völkern in ähnlicher Weise bekannt ist: sie schützt das Recht auf Leben (Töten), auf die Frau (Ehebruch), auf die Freiheit (stehlen = Menschenraub), auf die Ehre (falsche Anklage oder Zeugenaussage), auf Eigentum. Die 2. Tafel gilt alle Zeit und für alle.

Zelebrant

(von lat. celebrare = feiern) Der Bischof, Priester oder Diakon, der eine gottesdienstliche Versammlung im Auftrag und in der Vollmacht Christi leitet.

Seite 22/23:
Die Arche, aus Jean Vanier: In Gemeinschaft leben © SCM R. Brockhaus im SCM-Verlag GmbH & Co. KG, Witten, 2. Auflage 2006

Seite 26/27:
Die Botschaft aus der Bibel, aus: Joachim Wanke, Worte des Lebens für Menschen von heute. Aus: TAG DES HERRN Nr. 1 vom 5. Januar 2003.

Seite 31:
Der Junge in San Diego, aus: Elisabeth Kübler-Ross, Erfülltes Leben – würdiges Sterben. Übersetzung: Dietlinde Denzel/Susanne Naumann © 2004 Gütersloher Verlagshaus, Gütersloh, in der Verlagsgruppe Random House GmbH

Seite 50/51:
Mein Schlüssel ist weg, aus: Andreas Martin, Rundfunkansprache „Wort zum Tag", 2002.

Seite 56/57:
„Dat is en heiligmäßige Mann". Literaturhinweis: Robert Schumann – Lothringer, Europäer, Christ. Herausgegeben von Karl Heinz Debus, Speyer 1995